体験
デリバティブ

マルチカーブのもとでわかる
ハル・ホワイト・モデル

中村尚介［著］

一般社団法人 金融財政事情研究会

発刊に寄せて

　1990年代初頭、アラン・ホワイト氏と私は、のちにハル・ホワイト・モデルと呼ばれることになる、金利デリバティブの価値を算定するためのモデルを、それを実装するための三分木を使った数理的な手順とあわせて開発した。当時、LIBORは実務家によって、デリバティブの価値を算定するための「リスクフリー」の割引率として使用されていた。2007年から2008年にかけての金融危機によって、金融市場ではLIBORはリスクフリーではないことが認識されるに至り、銀行間における翌日物金利から計算されるイールドカーブに基づく割引率に移行するようになった。これは、2つの金利期間構造をしばしば同時にモデル化しなければならないということを意味する。今回の中村尚介氏の書籍は、付属のEXCELワークシートとあわせ、われわれのオリジナルモデルと、それが金融危機後の環境にどのように拡張できるかを解説している、誠に有用な内容となっている。金利デリバティブのプライシングやヘッジに携わるすべての人にとって、価値の高い書物であろう。

　　　トロント大学
　　　ジョゼフ・L・ロットマン経営大学院教授（デリバティブ、リスク管理）

　　　　　　　　　　　　　　　　　　　　　　　　ジョン・ハル

　In the early 1990s, Alan White and I developed the model for valuing interest rate derivatives that has come to be called the Hull-White model, together with trinomial tree numerical procedures for implementing it. At that time the LIBOR rate was used by practitioners as the "risk-free" discount rate for valuing derivatives. The 2007-2008 crisis has led the market to recognize that LIBOR is not risk-free and to move to basing discount rates on a yield curve calculated from overnight interbank rates. This means that two term structures often have to be modeled simultaneously. Naosuke Nakamura has provided a really useful book, complete with Excel work sheets, explaining our original model and how it can be extended to for the post-crisis environment. Anyone who is involved in pricing and hedging interest rate derivatives will find it valuable.

John Hull

Maple Financial Professor of Derivatives and Risk Management
Joseph L. Rotman School of Management
University of Toronto

はしがき

　金融市場で観測される金利の変動リスクをもつ金利デリバティブの評価方法については、1990年初頭から欧米の金融機関を中心にさまざまな金利モデルが研究・開発されてきました。トロント大学のジョン・ハル教授とアラン・ホワイト教授が開発した金利のハル・ホワイト・モデルは、そのなかでもシステム実装が容易で数学的にも扱いやすく、金融工学の基礎的な要素を多く含んでいるので、金利モデルの基本として広く認められています。

　その後、2007～2008年の金融危機以降、金融市場における金利デリバティブの評価において、現在価値化するためのディスカウントに用いるリスクフリー金利とデリバティブの指標金利を同様に扱うことがむずかしくなり、2つ以上のイールドカーブのもとでの評価が求められるようになったことから、金利のハル・ホワイト・モデルも含め、それまでの評価方法の修正を余儀なくされました。

　2011年には米国当局からモデルリスク管理指針が公表され、各金融機関でモデルの棚卸しを厳格に行うようになり、モデルの不適切な使用を避けるために、モデルの仮定やモデルの限界・制約等を定期的に確認する重要性があらためて認識され始めました。

　そして、2014年に欧州の金融市場においてマイナス金利が提示されるようになり、2016年には日本でもマイナス金利になり、ハル・ホワイト・モデルを使用するうえでの限界・制約であった金利がマイナスになる可能性も、マイナス金利の状況下でも支障なく評価計算ができるという点で、むしろ評価されるようになりました。

　本書は、マルチカーブのもとでの金利のハル・ホワイト・モデルに焦点を当てた手引書であることから、特定のモデルの解説に特化した（特定の読者向けの）専門書と思われるかもしれません。しかしながら、上述のような金利デリバティブに係るモデルの四半世紀もの変遷を垣間見ることができるよ

うに、周辺のモデルの特徴にも触れながら話を展開しています。クオンツを目指している読者だけでなく、金利デリバティブに係るモデルを把握しておきたいと考えている読者や、さらには、金利デリバティブは企業金融にも欠かせない取引となっていることから、金利デリバティブに興味をもち、これから学びたいと思っている読者にとっても、金利デリバティブの評価の入門書として、金利デリバティブの評価に必要な基礎的な知識からモデルに係る実践的な考え方までをコンパクトではありますが、包括的に学べる内容となっています。

また、Microsoft Excelを活用して、学習用シートを操作しながら、金利期間構造モデルによるデリバティブの評価方法について、視覚的なイメージとともに、順を追って理解を深められるような構成になっています。この学習用シートの中身をみることで、モデルを実装する際の技術もあわせて習得することが可能です。

本書の執筆は、まだ20世紀だった頃に私が銀行員として、金利期間構造モデルのシステム実装に関するプロジェクトに携わり、そこでジョン・ハル教授、アラン・ホワイト教授とコンタクトする機会を得て、その当時同僚であった椎名五郎氏とハル・ホワイト・モデルの理解を深めることができたことがきっかけになっています。なお、そのプロジェクトに携わる以前に、まずは銀行の同期入社行員から紹介された三浦良造先生の著書『モダンポートフォリオの基礎』でブラック・ショールズ・モデルを基礎から学び、その後、木島正明先生の著書『ファイナンス工学入門第Ⅱ部』で金利デリバティブのモデルの理論面を学んだことも役立っています。

本書は、執筆者が日本の金融機関の現場でかかわってきた金利デリバティブに係るモデルの歴史的な変遷がベースになっています。先ほどの金利期間構造モデルのシステム実装に関するプロジェクトがスタートしたのは1994年でしたが、本書を執筆した2018年までの間に、金利デリバティブのモデルに関する業務に執筆者と一緒に携わった過去および現在の同僚たちを含む多くの関係者の皆様にこの場をお借りして、心より深謝申し上げます。特に、

ジョン・ハル教授とアラン・ホワイト教授、ならびに椎名五郎氏に感謝の意を表するとともに、丁寧な校閲を含め、本書の出版を誠心誠意サポートしてくださった、株式会社きんざいの花岡博氏に厚く御礼申し上げます。

　最後に、本書の内容については、執筆者の説明不足や不適切な表現、または改善すべき点があるかと思います。これらの点につきまして、読者諸賢からご指摘、ご指導を賜れれば、幸いに存じます。なお、本書の内容は執筆者の個人的な見解であり、執筆者が所属する企業の見解を代表したものではないことを申し添えておきたいと思います。

2018年12月

みずほ証券　リスク統括部

中村　尚介

この本を読まれる前に

■学習用EXCELシートと「EXCELコーナー」

本書はマルチカーブのもとでのハル・ホワイト・モデルについて、具体的、かつわかりやすく解説することを目的としていますが、ハル・ホワイト・モデルをはじめとする金利デリバティブのモデルは、文章のみではイメージがとらえにくいものです。

本書では、代表的な表計算ソフトであるマイクロソフト社の「Microsoft Office Excel（以下、EXCEL）」を使って、実際にハル・ホワイト・モデルのプライシングを実践するための学習用EXCELシートをCD-ROMに収め、添付しました。このEXCELシートは、ハル・ホワイト・モデルのツリー構築から基本的な商品やエキゾチック・オプションのマルチカーブのもとでのプライシング、さらにはシフテッド・ブラック・カラシンスキー・モデルへのツリーの拡張なども試すことができ、金利デリバティブのプライシングを段階的に理解できるように工夫したものになっています。

この学習用EXCELシートの活用方法については、本文中に適宜挿入した「EXCELコーナー」で詳しく解説しています。本書を読み進むにあたっては、この内容に沿ってご自身でもEXCELを操作し、実践してみてください。

■学習用EXCELシートのファイル

学習用EXCELシートは、Microsoft Excel 97-2004 Workbookのファイル形式で提供されています。動作させるためには、このファイル形式が動作できる環境が必要になります。

・供給媒体

　CD-ROM

・ファイル

　Hull-White_Model+_v3.xls

[注意事項]

　本EXCELシートは、マルチカーブのもとでのハル・ホワイト・モデルの学習と理解を目的につくられています。このため、実用上の計算精度は得られませんので、本学習用EXCELシートによって得られた計算結果は、学習以外の用途には使用しないよう注意してください。本学習用EXCELシートの使用または使用不能が原因で発生したいかなる損害にも、著者および一般社団法人金融財政事情研究会、株式会社きんざいは、いっさい責任を負いませんのであらかじめご了承ください。また、著者ならびに一般社団法人金融財政事情研究会、株式会社きんざいは、本学習用EXCELシートにつきましてサポートはいたしませんので、あわせてご了承のほどお願い申し上げます。

■学習用EXCELシートのバックアップ

　本書に添付されているCD-ROMのバックアップ作業は、データが壊れた場合やEXCELの操作中に誤って内容を変更してしまった場合等に備えて必ず行ってください。

■学習用EXCELシートの導入方法

　この学習用EXCELシートは、EXCELのファイル形式で提供されていますので、通常のEXCEL使用時と同じ方法で、ファイルを読み込むことで使用できます。

　なお、このファイルにはマクロが含まれていますので、読み込む際にはファイル名を確認したうえで、マクロを有効にしてください（場合によっては、マクロを作動させるために、セキュリティ設定を「中」（または「低」）にする必要があります）。

　ハードディスクから学習用EXCELシートを読み込む場合には、お使いのシステムに応じた方法で、CD-ROMからハードディスクへファイルをコピーしてください。

■学習用EXCELシートの使い方

　このブックは、全部で22枚のワークシートで構成されています（EXCELでは、1枚ずつのシートのことを「ワークシート」といい、これらの集まりであるファイル全体のことを「ブック」と呼んでいます。以下、混乱がないようにこれらの表現を使用します）。

　これらのワークシートのうち、セルに値を設定するなど、実際に内容を変更するものは、[Def]、[Pricing]および「JointPnorm」の右端のみです。[Def]と[Pricing]のワークシートにツリー構築や価格計算の諸条件を入力すると、その条件に従って他のワークシートが連動するようになっています。

　なお、この3枚のワークシートの入力欄の脇には、入力内容を確認するためのセルがあり、誤った数値を入力すると"エラー"が出力されるようになっていますので、数値入力を行ったら必ず確認してください。

　また、指定箇所以外のセル内容が誤って変更されてしまったら、場合によってはその後うまく動作しなくなりますので、その際は再度ブックを読み込んでください。

　ワークシート[Pricing]上には、マクロボタンがついています（画面左側の浮き出たボタンのようにみえるもの）。このマクロボタンは、EXCELのマクロ機能を呼び出すために置かれています。マウスカーソルをこのボタンの上にもっていき、クリックするとマクロが実行されます。また、[Pricing]上のマクロボタンと同じ名称のボタンが、[RefRate]、[Backward]、[MonteCarlo]、[Analytical]上にもありますが、名称が同じであれば同じマクロが実行されます。なお、マクロのプログラムはModule1にあります。

【商標】
・Microsoftは米国Microsoft Corporationの登録商標です。
・Excelは米国Microsoft Corporationの登録商標です。
・Windowsは米国Microsoft Corporationの登録商標です。

ワークシート名	機能	該当章
このシートについて	タイトル	この本を読まれる前に
Def	初期条件設定	第4章ツリーの構築
Pricing	プライシング条件設定	第4章ツリーの構築、第5章バックワード・インダクション
Pnorm	ノード間の推移確率	第4章ツリーの構築
Pjmax		
Pjmin		
CurveData	市場のディスカウント・ファクター（データ入力用）	
Market_P	割引債価格（ディスカウント・ファクター）	
ArrowDeb	アロー・ドブリュー証券	
Alpha	アルファ	第4章ツリーの構築、第8章モデルの拡張
Prob	ノードの到達確率	第4章ツリーの構築
ShortRate	OISレートに基づくショートレート	第4章ツリーの構築、第8章モデルの拡張
TreeView	ツリーの形状表示	
RefRate	指標金利	第5章バックワード・インダクション
DF	OISレートに基づくディスカウント・ファクター	
Backward	バックワード・インダクションプライシング	第5章バックワード・インダクション、第7章プライシングの応用
MonteCarlo	モンテカルロ・シミュレーションプライシング	第6章モンテカルロ・シミュレーション、第7章プライシングの応用

ワークシート名	機能	該当章
MC_Result	モンテカルロ・シミュレーションの結果	第6章モンテカルロ・シミュレーション
Analytical	解析計算式によるプライシング	第5章バックワード・インダクション
JointPnorm	相関を反映したノード間の同時推移確率	第8章モデルの拡張
JointPjmax		
JointPjmin		

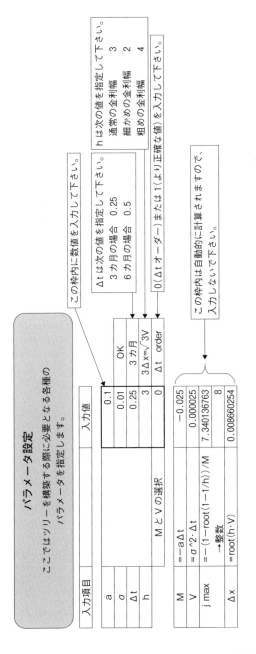

この本を読まれる前に　11

プライシング

ここではツリーを用いて
商品のプライシングを行います。

入力項目	入力値	
金利期間構造モデル	1	ハルホワイト
アルファ計算	0.025	------
指標金利の種類	6	6カ月LIBOR
商品の種類	1	Swap
固定金利の向き または キャップ/フロアー	-1	固定金利払い
固定金利	0.025	2.5%
スタート日	1	年後
エンド日	3	年後
権利行使回数	1	------
Fixed Tenor/Maturity	2	------
Tenor	0.5	
ラチェット	0	Off
モンテカルロ回数	1,000	回
負相関変量法	0	Normal
乱数の初期値	1	特定乱数

金利期間構造モデル
- ハルホワイトモデル ：1
- 移動対数正規モデル ：2
- 二乗正規モデル ：3

指標金利の種類
- 6カ月LIBOR ：6
- 12カ月LIBOR ：12

商品の種類
- スワップ ：1
- キャップ/フロアー ：2
- スワップション ：3

固定金利の向き
- 固定受け/変動払い ：1
- 固定払い/変動受け ：-1

キャップ/フロアー
- フロアー ：1
- キャップ ：-1

Fixed Tenor/Maturity
- Fixed Tenor ：1
- Fixed Maturity ：2

ラチェット
- ラチェット ：1
- スティッキー ：2
- プレーン ：0

負相関変量法
- 通常 ：0
- 負相関変量法 ：1

データセット実行
アルファ計算
指標金利計算実行
バックワード実行
解析計算式実行
モンテカルロ実行

目　次

第1章　デリバティブの基礎

1　金利デリバティブ商品……………………………………………………2
2　ブラック・ショールズ・モデルの考え方………………………………11
　(1)　原資産の価格変動の表現……………………………………………11
　(2)　割引債を原資産とするオプションの評価…………………………14

第2章　金利デリバティブの評価

1　ブラック・ショールズ・モデル…………………………………………24
　(1)　金利スワップの評価…………………………………………………24
　(2)　キャップ／フロアーの評価…………………………………………27
　(3)　金利スワップションの評価…………………………………………32
2　金利期間構造モデル………………………………………………………39
3　マルチカーブの背景………………………………………………………43
4　マルチカーブの基本的な仕組み…………………………………………46

第3章　ハル・ホワイト・モデル

1　ショートレート・モデル…………………………………………………52
2　シングルカーブのもとでのLIBOR………………………………………54
3　マルチカーブのもとでのハル・ホワイト・モデル……………………59

(1)　割引債オプション……………………………………………60
　　(2)　キャップ／フロアー…………………………………………61
　　(3)　ヨーロピアン・スワップション……………………………64
　4　パラメータの推定……………………………………………………70

第4章　ツリーの構築

1　ツリーの構築の基礎……………………………………………………76
2　推移確率の算出…………………………………………………………79
3　イールドカーブへのフィッティング…………………………………86
4　アロー・ドブリュー証券………………………………………………89
5　フォワード・インダクションによるツリーの構築…………………91

第5章　バックワード・インダクション

1　ツリーを使ったプライシング方法………………………………… 106
2　バックワード・インダクションの考え方………………………… 107
3　指標金利の生成……………………………………………………… 108
4　スワップのプライシング…………………………………………… 116
5　キャップ／フロアーのプライシング……………………………… 124
6　ヨーロピアン・スワップションのプライシング………………… 133

第6章　モンテカルロ・シミュレーション

1　モンテカルロ・シミュレーションの考え方……………………… 144

2　ツリーによるシミュレーション……………………………………148
3　1つの経路における価値の算出……………………………………149
4　デリバティブの価格…………………………………………………151
5　モンテカルロ・シミュレーションの高速化………………………158

第7章　プライシングの応用
──エキゾチック・オプション

1　バミューダン・スワップション……………………………………166
2　ラチェット・キャップ………………………………………………178

第8章　モデルの拡張

1　移動対数正規モデル…………………………………………………188
2　二乗正規モデルとスポット・スキュー・モデル…………………197
3　確率LIBOR−OISスプレッドモデル………………………………204

付録A……………………………………………………………………219
付録B……………………………………………………………………225
参考文献…………………………………………………………………228
事項索引…………………………………………………………………230

Excel コーナー

推移確率の計算……………………………………………………83
イールドカーブへのフィッティング……………………………96
指標金利の生成……………………………………………………111

スワップのプライシング……………………………………………………119
キャップ／フロアーのプライシング……………………………………127
ヨーロピアン・スワップションのプライシング………………………136
モンテカルロ・シミュレーションによるプライシング………………152
負相関変量法によるモンテカルロ・シミュレーション………………162
バミューダン・スワップションのプライシング………………………169
ラチェット・キャップのプライシング…………………………………181
移動対数正規モデルのツリー……………………………………………192
二乗正規モデルのツリー…………………………………………………200
３次元ツリーの同時確率…………………………………………………213

第1章

デリバティブの基礎

　スワップやオプションといったデリバティブと呼ばれる商品はブラック・ショールズ・モデルの実務家への普及とともに発展してきました。ロバート・マートン教授とマイロン・ショールズ教授はこのモデルの功績により、1997年にノーベル経済学賞を受賞しています（モデル名にもなっているもう1人の開発者であるフィッシャー・ブラック氏はその2年前に残念ながら他界）。

　本章では、主に相対の店頭（OTC：Over The Counter）市場の金利デリバティブに焦点を当て、まずは金融市場で代表的に取引されている金融商品の内容を紹介します。

1 金利デリバティブ商品

デリバティブ（**金融派生商品**）には、まず、**原資産**と呼ばれる、金融市場で取引される基本となる商品が存在します。その原資産の取引内容を継承し、新たな条件を付加したものがデリバティブです。原資産から派生する数値・指標によってその価値が決まることから、そう呼ばれています。

たとえば、「1ドル札を現在の円の価格で購入する」という外国為替の取引（円をドルに交換する取引）を原資産と考えると、「1カ月後に1ドル札を100円で買う権利」を与える取引（契約）、すなわち、「1カ月後に1ドル札を100円で購入できるが、1カ月後の円の価値が100円よりも円高（たとえば1ドル＝90円）の場合には（100円で）購入しなくてもよい」という取引もデリバティブの1つです（これは外国為替オプションまたは通貨オプションと呼ばれる取引です）。

デリバティブの原資産は、客観的に観測可能なものであればよいため、株式、債券、貴金属、燃料などで幅広くデリバティブが活用されています。

本書では、この原資産が金利商品である**金利デリバティブ**（Interest rate derivative）にスポットを当てて、話を進めていきます。

まずは、金利そのものについてみてみましょう。

金利とは、基本的に利子率のことであり、付利期間や受払いのタイミングに応じて値が異なります。たとえば、「利子率3％での100万円の複利の運用」を考えると、1年後は預けた100万円に加えて利子の3万円、合わせて103万円が受取金額になりますが、複利では2年後は106万円ではありません。この場合は2年目の始まりが103万円ですので、2年目の利子は103万円×3％＝3.09万円になることから、受取金額は106.09万円になります。

一般に、1単位の金額（たとえば1円）のものを期間 T の間に短期金利 R で N 回の複利の運用を行った場合、T 期間後の受取金額は、

$$\left(1+R\times\frac{T}{N}\right)^N$$

となります。このとき、Rの付利期間（金利計算期間）は期間Tを回数Nで割った値です。

　本書では、連続複利を基準に考えていきます。連続複利の短期金利は、**リスクフリーレート（無リスク金利）**として、デリバティブのプライシングに限らず、金融商品の評価によく使われます。連続複利金利とは、この回数Nを無限大にしたとき、すなわち、付利期間を無限小にしたときの金利rを表します。

$$\lim_{N\to\infty}\left(1+r\times\frac{T}{N}\right)^N$$

ここで、指数関数eの定義を用いることができます。

指数関数eの定義（xは任意の実数）：$\lim_{N\to\infty}\left(1+\frac{x}{N}\right)^N=e^x$

この指数関数eは自然対数の底としても知られていますね。e^xを$\exp(x)$と表記することもあります。これを用いると連続複利による極限値の計算は、

$$\lim_{N\to\infty}\left(1+r\times\frac{T}{N}\right)^N=e^{rT}=\exp(rT)$$

となることがわかります。デリバティブの世界では、この運用した値を**マネー・マーケット・アカウント（Money Market Account）**またはキャッシュボンドと呼び、リスクのない安全資産として扱っています。

$$B_t=e^{rt}$$

連続複利の短期金利は、この値を使って、

$$r=\frac{1}{t}\ln B_t$$

と表せるので、ln（自然対数、「ln」と書かれていますが、読み方は「ログ」）の計算で求めることができます。本書では連続複利の金利を扱うため、この

ように指数関数と自然対数の式がよく出てきます。

続いて、金利デリバティブをみていきましょう。

金利先渡契約（Forward rate agreement）

金利先渡契約はFRAと呼ばれ、将来のある決められた期間に、決められた元本に対して一定の金利を適用する金利の先渡しの取引です。契約時に取り決めた約定金利と市場実勢である実際の指標金利との差額をその指標金利で割り引いた金額が受渡日に差金決済されます。また、このときの指標金利には通例、LIBOR（London Interbank Offered Rate：ロンドン市場での銀行間短期資金取引の貸出金利）が使われます。

FRAは指標金利の上昇によって利益を得る側が「買い手」と呼ばれます。たとえば、6カ月物の3カ月後渡し（3 against 9 monthあるいは3×9、図表1.1参照）のFRAを金利3％で買うとします。この場合、3カ月後に6カ月LIBORが3％より高ければ金利の差額分を受け取ることになり、逆に6カ月LIBORの金利が3％より低いときは、差額分を支払うことになります。次の式がFRAの買い手の差額計算になります。

$$\frac{\delta \times (LIBOR - R)}{1 + \delta \times LIBOR}$$

ここで、δは指標金利LIBORの付利期間、RはFRAの約定金利を表しています。一般に、このFRAの理論値である**フォワードレート（先渡金利）**は将来の特定期日からの適用金利のことを指し、たとえば、1年金利3％、2年金利4％としますと、1年後から2年後までの1年金利のフォワードレー

図表1.1 金利先渡契約の表記

表記	先渡期間	満期	指標金利
1×7（1 against 7）	1カ月	7カ月	7－1＝6カ月LIBOR
3×9（3 against 9）	3カ月	9カ月	9－3＝6カ月LIBOR
6×12（6 against 12）	6カ月	12カ月	12－6＝6カ月LIBOR
12×18（12 against 18）	12カ月	18カ月	18－12＝6カ月LIBOR

トはだいたい5％になります。つまり、前半の1年間は3％で運用し、それを後半につなげて結果的に年率4％になるような金利がフォワードレートです。

金利先物契約（Interest rate futures）

金利先物は、FRAと同様に将来のある決められた期間に、決められた元本に対して一定の金利を適用する金利の先渡しの取引ですが、FRAとは取引形態が異なります。先物は取引所に上場されている取引で、毎日**値洗い**（**Mark to Market**）され、損失があればその分を取引所に支払い、利益があればその分を受け取ることになります。

短期金利の先物取引のなかで最も一般的であるのが、シカゴ商品取引所（CME）で取り扱われている3カ月ユーロドル先物取引です。ユーロドル先物は額面100万米ドルの3カ月ユーロドル定期預金に基づいていて、取引は次のようにレートではなく価格として提示されます。

$$100 - LIBOR \times 100$$

たとえば、3カ月LIBORが2.5％であれば、100－2.5＝97.5が先物価格となります。

金利スワップ（Interest rate swap）

金利スワップは、固定金利と変動金利を交換する取引で、金利のみが対象とされ、元本の交換は行いません。つまり、ある一定の元本を想定し（これを**想定元本**と呼びます）、これに対する金利のみを相互に支払います。このときの変動金利には、日本円では6カ月LIBOR、米ドルでは3カ月LIBORと、LIBORが銀行の平均的なファンディングコストを表しているため、こちらもLIBORがよく使われます。なお、海外の大手金融機関による不正操作があり、LIBORは2021年末に廃止されることになり、各国中央銀行はLIBORの代替指標の選定に動いています。たとえば、ニューヨーク連邦準備銀行は担保付翌日物資金調達金利SOFR（Secured Overnight Financing Rate）の公表を開始し、「世界で最も重要な金利」と呼ばれたLIBORから円

滑に移行させるための準備が進められています。

通常、金融市場で取り扱われている金利スワップは**プレーン・バニラ・スワップ**（Plain vanilla swap）と呼ばれ、付利期間の始めに変動金利の値を決定し、終わりにこのレートで変動金利と固定金利の交換を行います。また、変動金利は、付利期間と同じ長さのものを適用します。たとえば、6カ月ごとに金利の交換を行う場合は、6カ月LIBOR（付利期間6カ月のLIBOR）を変動金利の指標として参照します（図表1.2参照）。期間別のFRAを束ねて、**純現在価値**（NPV：Net Present Value）がゼロになるような一律の約定金利で取引するのと実質的には変わりません。

スワップレートは、プレーン・バニラ・スワップのパーレート、すなわち、受取側と支払側の約定時の価値が等しいとき（ネットでゼロのとき）の固定金利（クーポンレート）の値であり、金利スワップはスワップレートの値で市場に提示されています。ちなみに、固定金利の受払いの頻度が日本円と米ドルはともに半年ごとなので、日本円の金利スワップでは、固定金利と変動金利の受払頻度は等しいですが、米ドルの金利スワップでは変動金利が3カ月LIBORなので、固定金利と変動金利の受払頻度が異なります。

キャップ（Cap）

金利オプションのなかで、代表的な取引の1つとしてよく知られているのが、キャップとフロアーです。

キャップは金利スワップと異なり、取引相手と交換ではなく条件の売買を行います。キャップの購入者は、変動金利による調達と組み合わせることで、調達金利に上限をつけるという経済効果を生み出すことができます。

一般的なキャップは、あらかじめ**キャップレート**と呼ばれる条件金利を設定し、金利決定時に変動金利（たとえばLIBOR）がそのキャップレート以上であれば、キャップの買い手が変動金利とキャップレートとの差額を利払い時に受け取ることができるというものです。

ここでキャップは、指標金利として参照する変動金利の**コールオプション**（Call option）とみることができます。コールオプションとは、原資産を事

図表1.2　固定金利支払い・変動金利受取りの金利スワップのキャッシュフロー

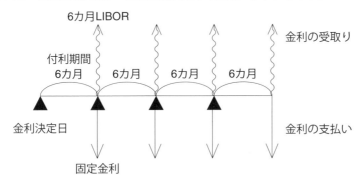

前に設定した価格（**行使価格**）で買うことができる権利の取引のことをいいます。コールオプションの買い手は、満期において損益が正になる場合に原資産を購入し、逆に損益が負になるときは、そのまま権利を放棄できます。その結果、満期での原資産価格の上昇分（満期での原資産価格−行使価格）が買い手の利益になります。このため、キャップの金利決定時における変動金利と損益の関係から、原資産価格を変動金利、行使価格をキャップレートとしたコールオプションで表せることがわかります（図表1.3参照）。

このことから、キャップは、変動金利による調達と組み合わせると、変動金利がキャップレート以上になった場合に、キャップからの利益と調達の利払コストの増加分が相殺されるため、実質的に調達金利に上限、すなわちキャップをつけることができるのです（図表1.4参照）。

フロアー（Floor）

フロアーはキャップと逆の取引で、金利決定時に変動金利が（あらかじめ設定した）**フロアーレート**以下になると、フロアーの買い手がフロアーレートと変動金利の差額を利払い時に受け取ることができるというものです。

フロアーは、（LIBOR等の指標金利として参照する）変動金利の**プットオプション（Put option）** とみることができます。プットオプションとは、原資産を行使価格で売ることができる権利の取引のことです。プットオプショ

図表1.3　キャップの受払い日の損益

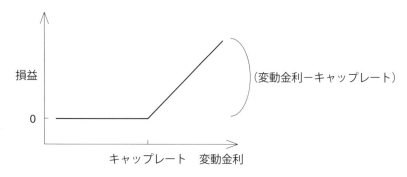

図表1.4　キャップによる調達利回りの上限設定

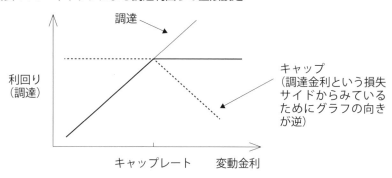

ンの買い手も、損益が正になる場合は権利を行使し、負になる場合は、この権利を放棄できます。その結果、満期での原資産価格の下落分（行使価格－満期での原資産価格）が買い手の利益となります。このため、フロアーの金利決定時における変動金利と損益の関係から、原資産価格を変動金利、行使価格をフロアーレートとしたプットオプションとして表すことができるのです（図表1.5参照）。

　また、このフロアーを変動金利による運用と組み合わせると、変動金利がフロアーレート以下になったときに、フロアーからの利益と運用益の減少分が相殺されるため、実質的に運用金利に下限、すなわちフロアーをつけられ

図表1.5 フロアーの受払い日の損益

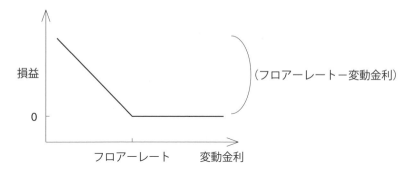

図表1.6 フロアーによる運用利回りの下限設定

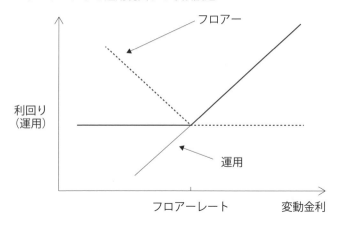

ることがわかります（図表1.6参照）。

金利スワップション（Interest rate swaption）

金利スワップションは、キャップ／フロアーと並んで金利オプションの代表的な取引です。

スワップションとは、事前に決められた条件のスワップを一定期間後の権利行使日に開始する権利を売買する取引であり、原資産がスワップとなっています。このスワップションの買い手からみて、原資産の金利スワップが固

定金利支払い（変動金利受取り）のタイプを**ペイヤースワップション**（Payer swaption）、固定金利受取り（変動金利支払い）のタイプを**レシーバースワップション**（Receiver swaption）と区別して呼びます。

ペイヤースワップションの買い手は、権利行使日のスワップレートが（あらかじめ定めた）固定金利を上回る場合に、利益を得ることができます。これは、権利行使日に支払う固定金利より高い金利を受け取るスワップを金融市場で取引できるからです（図表１．７参照）。また、下回る場合は権利を放棄することで、スワップの実行による損失を避けることができます。したがって、ペイヤースワップションは、スワップレートのコールオプションといえます。

レシーバースワップションの買い手は、権利行使日のスワップレートが固定金利を下回る場合に、利益を得ることができます。これは、受け取る固定金利より低い金利を支払うスワップを金融市場で取引できるからで、スワップレートのプットオプションとなっているのがわかります。

また、金利スワップションの原資産である金利スワップと反対の交換となるスワップをスワップションと同時に取引することで、実質的に将来のある時点にキャンセルできるキャンセラブル（解約権付き）・スワップにすることができます。たとえば、１年後に期間５年の固定金利を受け取る金利スワップを行使できるスワップションを購入し、同時に期間６年の固定金利を支払う金利スワップを契約すると、１年後に解約する権利をもった期間６年の固定金利払いのキャンセラブル・スワップになることがわかります。

金利デリバティブとして扱われる商品として、このほかに「債券を一定期間後に売買する権利」を与える取引である債券オプション（Bond option）があげられますが、債券の抱えるデフォルトリスクを意識して、クレジットデリバティブの範疇に入れられる場合もあります。

以上のような、金利デリバティブと呼ばれる金融商品を取り扱うためには、これらの適切な評価ができなければなりません。その金利デリバティブの評価方法について具体的にみていく前に、市場慣行として使われているブ

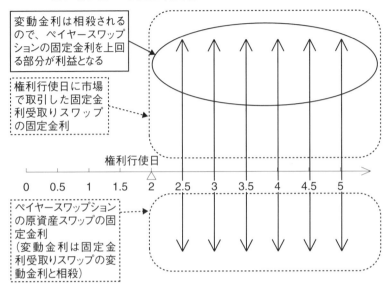

図表1.7 ペイヤースワップションの権利行使による原資産スワップと権利行使日に取り組んだ固定金利受取りスワップとのキャッシュフローの相殺

ラック・ショールズ・モデルの考え方について確認してみることにしましょう。

2 ブラック・ショールズ・モデルの考え方

(1) 原資産の価格変動の表現

デリバティブの価格は、原資産の価格とデリバティブの価格との関係式と、原資産の**価格過程**（価格の時系列的な変化のようす）から計算されます。したがって、デリバティブのプライシング（価格付け）を行うには、まず原資産の価格過程を考える必要があります。

原資産の価格過程を表現するものとして、**確率微分方程式**（SDE：Stochastic Differential Equation）があります。これは、物理現象の変化を表

現するときによく使われる常微分方程式と異なり、現在までの状態から予測できる変化だけでなく、予測できないノイズ（不確定な要素）も表しています。この不確定な要素であるノイズが確率的な変動を表しているため、確率微分方程式と呼ばれています。

デリバティブのプライシングで最も広く知られているのが、**ブラック・ショールズ・モデル**（Black Scholes model）です。このモデルでは、原資産の価格過程を次のような確率微分方程式で表現しています。

$$\frac{dX_t}{X_t} = \mu dt + \sigma dW_t \qquad \cdots\cdots\cdots(1.1)$$

ここで、X_t は t 時点の原資産価格、μ は原資産の期待収益率、σ は原資産のボラティリティ（予想変動率）、W_t は**標準ブラウン運動**（Standard Brownian motion）を表しています。ここでは、この標準ブラウン運動が予測できないノイズに当たります。この微分方程式における瞬間的な変化が $\frac{dX}{dt}$ といった微分係数のかたちではなく、dt、dX_t といった微分項で表現されているのは、**確率積分**と呼ばれる積分表現から導かれているためです。

標準ブラウン運動とは、時間変化に伴う増分（$W_{t+\Delta t} - W_t = \Delta W_t$）が平均ゼロ、分散 Δt（時間間隔）の正規分布に従い、かつ、異なる 2 つの微小期間に対応する 2 つの増分（たとえば、$W_{t+\Delta t} - W_t = \Delta W_t$ と $W_{t+2\Delta t} - W_{t+\Delta t} = \Delta W_{t+\Delta t}$）が互いに独立である動きのことを指します。すなわち、経路変更がいずれもランダムであり、その前の動きには依存しない確率過程です。金融の分野では株価の変動等の確率的な表現を扱うのに欠かせない概念の 1 つとなっています。標準偏差が $\sqrt{\Delta t}$ となることから、変動する範囲が時間の平方根に比例して拡散していくということがわかります。

式 (1.1) の考え方は右辺を $\mu dt + \sigma dW_t = dY_t$ と置くと図表 1.8 のように簡単に示すことができます。右辺の第 1 項 [μdt] は、収益率（変化率）の時間に対する変化（傾き）を、第 2 項 [σdW_t] は、将来の不確定な変動（ギザギザとした動き）を表しています。

図表1.8 ブラック・ショールズ・モデルの確率微分方程式が想定する確率過程

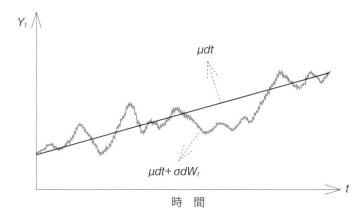

この式は、連続的な時間変化を表す記号で書かれていますが、これを時間の流れに対して離散的（差分方程式）に表現し直すと次のようになります。

$$\frac{X_{t+1} - X_t}{X_t} = \mu + \sigma (W_{t+1} - W_t)$$

$$X_{t+1} = X_t \{1 + \mu + \sigma (W_{t+1} - W_t)\} \qquad \cdots\cdots\cdots (1.2)$$

これは、簡単な図で表現することができます。図表1.9は次の時点（$t+1$）での価格が現時点から中心が μX_t 上方に移り、中心から上下に σX_t の広がりをもって分布しています。すなわち、μ がドリフトの係数、σ が標準偏差の係数であることを意味しています。

確率積分とは、予測できないノイズを含んだ変数（確率変数）の時間変化に伴う増分の和をとったものです。いま、連続的な時間変化において、標準ブラウン運動 W_t の時点 t から（$t+\Delta t$）までの増分を考えると、

$$W_{t+\Delta t} - W_t = \int_t^{t+\Delta t} dW_u$$

という確率積分のかたちで表現されます。この確率積分に標準偏差の係数で

図表1.9　原資産価格の1期間での変化

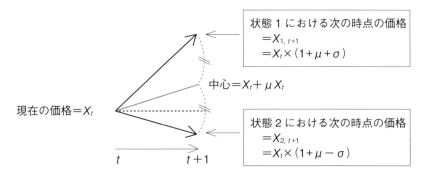

あるボラティリティ σ を掛けると $\int_{t}^{t+\Delta t} \sigma dW_u$ となり、ここで $\Delta t \to 0$ とするときに、確率微分方程式の σdW_t が定義されます。したがって、確率微分方程式は確率積分による確率変数の増分を微小期間で表現しているといえます。ちなみに、ブラック・ショールズ・モデルにおける原資産の確率微分方程式を、確率積分を使って表現し直すと、次のようになります。

$$X_t - X_0 = \int_0^t \mu X_u du + \int_0^t \sigma X_u dW_u$$

(2) 割引債を原資産とするオプションの評価

さてここで、デリバティブの原資産が割引債であるとします。割引債（クーポンのない債券で、ゼロクーポン債とも呼ばれます）は、満期時点に1単位の金額を受け取る基本的な債券ですが、その約定時点の価値は前節のマネー・マーケット・アカウントを使って次のように表現できます。

まず、約定時点を t、満期時点を T とすると、満期までの期間は $(T-t)$ になりますね。ここで、約定時における満期 T の割引債の価格を $P_{t,T}$ と置きます。もし金利がその期間中にまったく変わらないことが事前に決まっていれば、すなわち、金利を定数と仮定できれば、約定時の割引債価格と同金額を

満期までリスクフリーレートで運用したときも、将来確実にリスクフリーレート以上の利益が得られるような**裁定機会**（フリーランチ／ただ飯ともいいます）が生じない世界では金額が1になるはずです。

$$P_{t,T} \times e^{r(T-t)} = 1 (= P_{T,T})$$

したがって、割引債価格は金利が定数の場合は、

$$P_{t,T} = e^{-r(T-t)} = \frac{B_t}{B_T}$$

と表せます。そのため、割引債価格は商品の性質上、（時点Tの）キャッシュフローを（時点tの）現在価値に引き直すための**ディスカウント・ファクター**（割引係数）として使用されています。

金利デリバティブを扱う場合には、（金利を定数と仮定するのは明らかに不自然なので）金利が期間中に変動するという前提で、時点tの条件付期待値をとった値を、時点tを基準にした公平な値として認識します。

$$P_{t,T} = E\left[\frac{B_t}{B_T}\bigg|\varphi_t\right] = B_t \cdot E\left[\frac{1}{B_T}\bigg|\varphi_t\right] \qquad \cdots\cdots(1.3)$$

式（1.3）は、割引債の満期（T）での価格が1であることから（$P_{T,T}=1$）、次のようにも表せます。

$$\frac{P_{t,T}}{B_t} = E\left[\frac{P_{T,T}}{B_T}\bigg|\varphi_t\right]$$

これは、マネー・マーケット・アカウントに対する相対価格というかたちでみますと、将来の（相対）価格の期待値が現在の（相対）価格に一致することを表しています。このように無リスク資産であるマネー・マーケット・アカウントに対する相対価格がドリフトゼロとなる確率の世界を**リスク・ニュートラルな世界**（市場参加者がリスクに中立である経済世界）と呼び、現在価値を求めるための条件付期待値の計算では、マネー・マーケット・アカウントでのディスカウントを行います。時間変化に伴うお金（通貨）の価値の変化まで想定する金融の世界では絶対価格を定義しにくいため、基準と

して最も扱いやすい無リスク資産に対する相対価格で考えます。

ここで、φ_t はモデルにおける時点 t を含む時点 t までの（起こりうる）すべての経路についての情報の集合を表しています。このとき、この割引債価格は情報 φ_t に依存していて、時点 t を将来のある時点とすると、時点 t の情報というのは時点 t に至るまで不確実であるため、（「期待値をとった値」とはありますが）価格 $P_{t,T}$ は時点 t での確率変数であることがわかります。したがって、確率微分方程式でこの価格過程を表現します。ブラック・ショールズ・モデルでは、このような割引債の価格過程を、式（1.3）をもとに次のように設定しています。

$$\frac{dP_{t,T}}{P_{t,T}} = rdt + \sigma dW_t \quad for\ t < T \qquad \cdots\cdots(1.4)$$

右辺の第1項（ドリフト項）は、マネー・マーケット・アカウント B_t の収益率から、第2項（確率項）は、条件付期待値 $E\left[\frac{1}{B_T}\bigg|\varphi_t\right]$ の時点 t までの不確実性からきています。これを先ほどと同様に離散的な図で表現すると、図表1.10のようになります。図表1.10をみると、次の時点 $(t+1)$ における価格の分布の中心が $P_{t,T} + rP_{t,T}$ となり、この値が割引債の価格 $P_{t,T}$ をリスクのない方法（たとえば銀行預金）で1期間運用した値 $(1+r) \times P_{t,T}$ に一致していることがわかります。

いま、原資産に対する先渡契約を考えてみます。先渡契約（フォワード取引）とは、将来の決められた期日（フォワード満期日）に、あらかじめ定められた価格（フォワード価格）で現物を売買する契約です。フォワード取引は契約時および期間中に資金の出し入れがなく、満期に受払いが行われるのみであるため、

$$B_t \cdot E\left[\frac{\hat{F}_{T,T} - \hat{F}_{t,T}}{B_T}\bigg|\varphi_t\right] = 0 \qquad \cdots\cdots(1.5)$$

と表せます。ここで、$\hat{F}_{t,T}$ は時点 t における満期 T のフォワード価格、$\hat{F}_{T,T}$ は満期におけるフォワード価格で現物価格と一致します。このとき、フォワー

図表1.10 割引債価格の1期間での変化

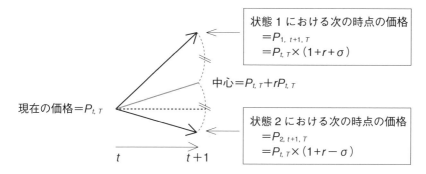

ド価格がマネー・マーケット・アカウントと独立である場合、式（1.5）の左辺で次のように期待値の計算を分けて行えるため、

$$B_t \cdot E\left[\left.\frac{\hat{F}_{T,T}-\hat{F}_{t,T}}{B_T}\right|\varphi_t\right]=E\left[\left.\frac{B_t}{B_T}\right|\varphi_t\right]\cdot E[\hat{F}_{T,T}-\hat{F}_{t,T}|\varphi_t]=P_{t,T}\cdot(E[\hat{F}_{T,T}|\varphi_t]-\hat{F}_{t,T})=0$$

となり、結果として、フォワード価格が満期でのフォワード価格の期待値、すなわち、満期での現物価格の期待値に一致することがわかります（$\hat{F}_{t,T}=E[\hat{F}_{T,T}|\varphi_t]$）。

それでは、ブラック・ショールズ・モデルを使った割引債のコールオプションのプライシングをみてみることにしましょう。割引債の満期をT_β、コールオプションの満期をT_α（$T_\alpha<T_\beta$）、行使価格をKとしますと、コールオプションは購入する権利なので、原資産価格が行使価格を上回るときにその差を受け取れることから、権利行使時における価値（**本源的価値：Intrinsic value**）は、次のように表せます（max{a,b}という表記は、a,bという2つの数値のうち、大きいほうの値を返す記号です）。

$$\max\{P_{T_\alpha,T_\beta}-K,0\}$$

次に現在価値の計算のために、式（1.4）を**伊藤の公式**（Ito's formula）を使って変形します。伊藤の公式とは（日本の数学者伊藤清の原論文の表記

からIto's lemmaとも呼ばれます)、X_t が時間に対し連続な価格過程で、$V_t = f(t, X_t)$ が X_t について2回微分可能、t について1回微分可能な関数で、これらの偏導関数が (t, X_t) について連続であるとき、V_t に対して示されるテイラー展開に似た公式で、確率微分方程式を扱うときには、欠かすことのできないものです(ブラウン運動、またはそれから生成される確率過程は連続ではありますが、ギザギザのところが微分不可能であるため、一般的に知られているテイラー展開自体は厳密には成り立ちません)。

$$dV_t = \frac{\partial f}{\partial t}(t, X_t)dt + \frac{\partial f}{\partial x}(t, X_t)dX_t + \frac{1}{2}\frac{\partial^2 f}{\partial x^2}(t, X_t) \cdot (dX_t)^2 \quad \cdots\cdots(1.6)$$

ここで、$\frac{\partial f}{\partial t}(t, X_t)$ は t に関する偏導関数、$\frac{\partial f}{\partial x}(t, X_t)$ は X_t に関する偏導関数、$\frac{1}{2}\frac{\partial^2 f}{\partial x^2}(t, X_t)$ は X_t に関する2階の偏導関数を表します。この公式は多少難解ですが、大変便利な公式です。通常は、$dX_t = adt + bdW_t$ に従う X_t があるとき、(t, X_t) について連続な関数 $f(t, X_t)$ に対して、

$$df = \left(\frac{\partial f}{\partial t} + \frac{\partial f}{\partial x} \cdot a + \frac{1}{2}\frac{\partial^2 f}{\partial x^2} \cdot b^2\right)dt + \frac{\partial f}{\partial x} \cdot bdW_t \quad \cdots\cdots(1.7)$$

が成り立つというかたちで、紹介されています。この式(1.7)は微分項 dW_t と dt が、$dt \cdot dt = dt \cdot dW_t = dW_t \cdot dt = 0$、$dW_t \cdot dW_t = dt$ を満たすことを使って、式(1.6)から求められます。

$$\begin{aligned}
df &= \frac{\partial f}{\partial t}dt + \frac{\partial f}{\partial x}dX_t + \frac{1}{2}\frac{\partial^2 f}{\partial x^2}(dX_t)^2 \\
&= \frac{\partial f}{\partial t}dt + \frac{\partial f}{\partial x} \cdot (adt + bdW_t) + \frac{1}{2}\frac{\partial^2 f}{\partial x^2} \cdot (adt + bdW_t)^2 \\
&= \left(\frac{\partial f}{\partial t} + \frac{\partial f}{\partial x} \cdot a\right)dt + \frac{\partial f}{\partial x} \cdot bdW_t + \frac{1}{2}\frac{\partial^2 f}{\partial x^2} \cdot \\
&\quad (a^2 \cdot (dt)^2 + 2ab \cdot dt \cdot dW_t + b^2 \cdot (dW_t)^2) \\
&= \left(\frac{\partial f}{\partial t} + \frac{\partial f}{\partial x} \cdot a + \frac{1}{2}\frac{\partial^2 f}{\partial x^2} \cdot b^2\right)dt + \frac{\partial f}{\partial x} \cdot bdW_t
\end{aligned}$$

ここで、$(dt)^2 = dt \cdot dW_t = 0$ は、dt が微小期間であることから dt よりもさらに小さいオーダーなのでゼロとみなすことができ、$(dW_t)^2 = dt$ は dW_t が平均ゼロ、分散が dt の正規分布に従うという標準ブラウン運動の性質から導かれています。

いま、式（1.4）に対して、$X_t \equiv P_{t,T}$、$f \equiv \ln X_t$ と定義すると、$a = rX_t$、$b = \sigma X_t$ となり、f は X_t の自然対数の関数で、X_t の添字の t は時点 t における確率変数という意味での添字であり f は t の関数ではないので、$\frac{\partial f}{\partial t} = 0$、$\frac{\partial f}{\partial x} = \frac{1}{X_t}$、$\frac{\partial^2 f}{\partial x^2} = -\frac{1}{X_t^2}$ となることから、式（1.7）は次のよう表せます。

$$df = d \ln P_{t,T} = \left(r - \frac{1}{2}\sigma^2\right)dt + \sigma dW_t \quad for\ t < T \qquad \cdots\cdots(1.8)$$

この式（1.8）をみると、dW_t の係数が f にまったく依存していないので、f が正規分布に従うことがわかります。このことは、$f \equiv \ln P_{t,T}$ の定義から、ブラック・ショールズ・モデルでは原資産価格（ここでは割引債価格）が対数正規分布に従うと仮定していることを意味しています。

割引債価格と異なり、マネー・マーケット・アカウントがコールオプションの満期 T_α まで確率的に変動せずに確定的という仮定は不自然ではありますが、ブラック・ショールズ・モデルでは時点 t（$t < T_\alpha < T_\beta$）での割引債価格のコールオプションの価値は、権利行使時における価値のマネー・マーケット・アカウントに対する相対価格から、式（1.8）を用いて次のように計算されます。

$$\begin{aligned}
&Call_t(T_\alpha, K) \\
&= B_t \cdot E\left[\frac{1}{B_{T_\alpha}} \cdot \max\{P_{T_\alpha, T_\beta} - K, 0\} \Big| \varphi_t\right] = e^{-r(T_\alpha - t)} \cdot E\left[\max\{P_{T_\alpha, T_\beta} - K, 0\} \Big| \varphi_t\right] \\
&= e^{-r(T_\alpha - t)} \cdot \int_{-d + \sigma\sqrt{T_\alpha - t}}^{\infty} \left(P_{t, T_\beta} \cdot e^{\left(r - \frac{1}{2}\sigma^2\right) \cdot (T_\alpha - t) + \sigma\sqrt{T_\alpha - t} \cdot x} - K\right) \cdot \frac{1}{\sqrt{2\pi}} e^{-\frac{1}{2}x^2} dx
\end{aligned}$$

$$
\begin{aligned}
&= e^{-r(T_\alpha - t)} \cdot \int_{-d+\sigma\sqrt{T_\alpha - t}}^{\infty} P_{t,T_\beta} \cdot e^{\left(r - \frac{1}{2}\sigma^2\right)\cdot(T_\alpha - t) + \frac{1}{2}\sigma^2 \cdot (T_\alpha - t)} \cdot \frac{1}{\sqrt{2\pi}} e^{-\frac{1}{2}(x - \sigma\sqrt{T_\alpha - t})^2} dx \\
&\quad - e^{-r(T_\alpha - t)} \cdot \int_{-d+\sigma\sqrt{T_\alpha - t}}^{\infty} K \cdot \frac{1}{\sqrt{2\pi}} e^{-\frac{1}{2}x^2} dx \\
&= P_{t,T_\beta} \cdot \int_{-d}^{\infty} \frac{1}{\sqrt{2\pi}} e^{-\frac{1}{2}y^2} dy - e^{-r(T_\alpha - t)} \cdot K \cdot \int_{-d+\sigma\sqrt{T_\alpha - t}}^{\infty} \frac{1}{\sqrt{2\pi}} e^{-\frac{1}{2}x^2} dx \\
&= P_{t,T_\beta} \cdot \int_{-\infty}^{d} \frac{1}{\sqrt{2\pi}} e^{-\frac{1}{2}y^2} dy - e^{-r(T_\alpha - t)} \cdot K \cdot \int_{-\infty}^{d-\sigma\sqrt{T_\alpha - t}} \frac{1}{\sqrt{2\pi}} e^{-\frac{1}{2}x^2} dx \\
&= P_{t,T_\beta} \cdot N(d) - e^{-r(T_\alpha - t)} K \cdot N(d - \sigma\sqrt{T_\alpha - t}) \\
\\
&d = \frac{\ln \frac{P_{t,T_\beta}}{K} + \left(r - \frac{1}{2}\sigma^2\right) \cdot (T_\alpha - t)}{\sigma\sqrt{T_\alpha - t}}
\end{aligned}
$$

ここで、$N(z) = \int_{-\infty}^{z} \frac{1}{\sqrt{2\pi}} e^{-\frac{1}{2}x^2} dx$ は、平均 0 で分散 1 の標準正規分布の累積密度関数を表しています。なお、平均 μ、分散 σ^2 の正規分布の累積密度関数は、$\int_{-\infty}^{z} \frac{1}{\sigma\sqrt{2\pi}} e^{-\frac{(x-\mu)^2}{2\sigma^2}} dx$ ですが、$y = \frac{x-\mu}{\sigma}$ の標準化と呼ばれる変換をすると、$\int_{-\infty}^{z} \frac{1}{\sigma\sqrt{2\pi}} e^{-\frac{(x-\mu)^2}{2\sigma^2}} dx = \int_{-\infty}^{\frac{z-\mu}{\sigma}} \frac{1}{\sqrt{2\pi}} e^{-\frac{1}{2}y^2} dy$ というふうに標準正規分布の密度関数で表せることと、標準正規分布の対称性から、

$$
\begin{aligned}
1 - N(d) &= 1 - \int_{-\infty}^{\frac{z-\mu}{\sigma}} \frac{1}{\sqrt{2\pi}} e^{-\frac{1}{2}y^2} dy = \int_{\frac{z-\mu}{\sigma}}^{\infty} \frac{1}{\sqrt{2\pi}} e^{-\frac{1}{2}y^2} dy \\
&= \int_{-\infty}^{-\frac{z-\mu}{\sigma}} \frac{1}{\sqrt{2\pi}} e^{-\frac{1}{2}y^2} dy = N(-d)
\end{aligned}
$$

となることも利用して計算しています。割引債価格のプットオプションの価値も同様のアプローチで求めることができます。

$$Put_t(T_\alpha, K)$$
$$= B_t \cdot E\left[\frac{1}{B_{T_\alpha}} \cdot \max\{K - P_{T_\alpha, T_\beta}, 0\} \Big| \varphi_t\right]$$
$$= e^{-r(T_\alpha - t)} \cdot \int_{-\infty}^{-d + \sigma\sqrt{T_\alpha - t}} \left(-P_{t,T_\beta} \cdot e^{\left(r - \frac{1}{2}\sigma^2\right) \cdot (T_\alpha - t) + \sigma\sqrt{T_\alpha - t} \cdot x} + K\right) \cdot \frac{1}{\sqrt{2\pi}} e^{-\frac{1}{2}x^2} dx$$
$$= -P_{t,T_\beta} \cdot \int_{-\infty}^{-d + \sigma\sqrt{T_\alpha - t}} \frac{1}{\sqrt{2\pi}} e^{-\frac{1}{2}(x - \sigma\sqrt{T_\alpha - t})^2} dx$$
$$+ e^{-r(T_\alpha - t)} \cdot K \cdot \int_{-\infty}^{-d + \sigma\sqrt{T_\alpha - t}} \frac{1}{\sqrt{2\pi}} e^{-\frac{1}{2}x^2} dx$$
$$= -P_{t,T_\beta} \cdot N(-d) + e^{-r(T_\alpha - t)} K \cdot N(-d + \sigma\sqrt{T_\alpha - t})$$

余談ではありますが、正規分布はベル曲線という名前でも知られています。このベル曲線のかたちを与えているe^{-x^2}は積分可能なのですが、上記のとおり、初等積分のかたちで書き表せない、すなわち、微分してe^{-x^2}になるような関数が見つからないので、**リウヴィルの非初等積分**として知られています。

第2章

金利デリバティブの評価

　本章では、前章で紹介した金利デリバティブの評価方法について具体的に解説していきます。

1 ブラック・ショールズ・モデル

(1) 金利スワップの評価

　金利スワップの評価をするために、まずは変動金利であるLIBORについてみてみましょう。LIBORはその定義から以下のような条件で提示されます。

・付利期間（たとえば6カ月物 = δ_i）
・利率前決め、利息後払い

　この条件のもとで、6カ月LIBORは金利決定時（T_i）に（想定）元本を受け取り、その6カ月後の受払い時（$T_i + \delta_i = T_{i+1}$）に（想定）元本のみ返却する（利息分儲かる）のと同様の価値となります（図表2.1参照）。これはLIBORが割引債の運用金利と同じであることを前提にしています。したがって、時点t、フォワード満期T_iのフォワードLIBOR（LIBORのフォワードレート）は割引債価格を用いて次のように表すことができます。

$$L_{t,T_i} \cdot \delta_i \cdot P_{t,T_i+\delta_i} = P_{t,T_i} - P_{t,T_i+\delta_i} = P_{t,T_i} - P_{t,T_{i+1}} \Rightarrow L_{t,T_i} = \frac{P_{t,T_i} - P_{t,T_{i+1}}}{\delta_i \cdot P_{t,T_{i+1}}} = \frac{1}{\delta_i}\left(\frac{P_{t,T_i}}{P_{t,T_{i+1}}} - 1\right)$$
$$\cdots\cdots(2.1)$$

　LIBORを指標金利としているFRAでは、契約時に取り決めたFRAのレートと指標金利であるLIBORとの差額を、金利決定時T_iまでその指標金利であるLIBORで割り引いた金額で決済されますが、契約時および期間中に資金の出し入れがなく、満期に受払いが行われるのみであるため、決済額の契約時の価値はゼロになります。したがって、上式（2.1）から、

$$\frac{1}{1 + \delta_i \times L_{t,T_i}} = \frac{P_{t,T_{i+1}}}{P_{t,T_i}}$$

となるので、次のように計算を展開できます。

図表2.1 LIBORと元本受払いとの等価関係

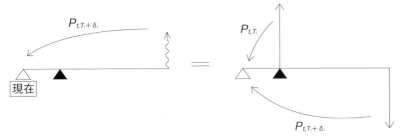

時点 t のフォワード6カ月LIBOR × δ_i × $P_{t,T_i+\delta_i}$ = P_{t,T_i} − $P_{t,T_i+\delta_i}$

$$0 = B_t \cdot E\left[\frac{1}{B_{T_i}} \frac{\delta_i \times (L_{T_i,T_i} - FRA_t)}{1 + \delta_i \times L_{T_i,T_i}} \bigg| \varphi_t\right] = B_t \cdot E\left[\frac{1}{B_{T_i}}\left(1 - \frac{1 + \delta_i \times FRA_t}{1 + \delta_i \times L_{T_i,T_i}}\right) \bigg| \varphi_t\right]$$

$$= E\left[\frac{B_t}{B_{T_i}}\left(1 - P_{T_i,T_{i+1}} \cdot (1 + \delta_i \times FRA_t)\right) \bigg| \varphi_t\right] = P_{t,T_i} - P_{t,T_{i+1}} \cdot (1 + \delta_i \times FRA_t)$$

ここで、$E\left[\frac{B_t}{B_{T_i}} \bigg| \varphi_t\right] = P_{t,T_i}$ と $E\left[\frac{B_t}{B_{T_i}} \cdot P_{T_i,T_{i+1}} \bigg| \varphi_t\right] = P_{t,T_{i+1}}$ は前章の式(1.3)に基づいています。

したがって、FRAのレートは最終的に、

$$FRA_t = \frac{1}{\delta_i}\left(\frac{P_{t,T_i}}{P_{t,T_{i+1}}} - 1\right) = L_{t,T_i}$$

と表せることから、フォワードLIBORと等価ということになります。

一方、先物は契約時点ではペイオフは発生しないため、契約時点における先物の価値はFRA同様ゼロであり、さらに毎日値洗いされるため、日々決済するのと同じであることから、先物の価値はリスクニュートラルな世界における**マルチンゲール**（Martingale）であることが知られています。マルチンゲールとは、時間とともにランダムに変化する変数であって、しかも過去からいま現在に至るまでの情報が与えられたとき、その情報に基づいて計算される期待値がいま現在の値に等しくなる、すなわち、傾き（ドリフト）ゼロの確率過程のことをいいます。これは将来の平均が現在の値によって与え

図表2.2 変動金利と元本受払い(相殺込み)との等価関係

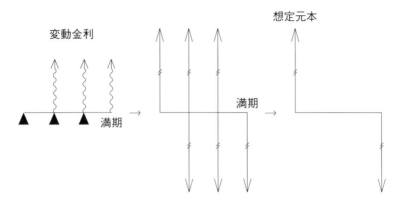

られる公平なゲームを表しています。短期金利先物では価格で提示されますので、

$$100 \cdot E[1.0 - L_{T_i,T_i}|\varphi_t] = 100 \cdot (1.0 - E[L_{T_i,T_i}|\varphi_t]) = 100 \cdot (1.0 - F_{t,T_i})$$

と短期先物レートF_{t,T_i}は将来時点のLIBORの期待値と等価になります($F_{t,T_i} = E[L_{T_i,T_i}|\varphi_t]$)。

次に、金利スワップの変動金利のキャッシュフローの合計を考えますと、これは先ほどのフォワードLIBORの計算(の繰り返し)から、この変動金利の合計の価値は最初の金利決定時に想定元本を受け取り、満期(最終決済日)に想定元本を支払うのと等しい価値になるということがわかります(図表2.2参照)。

変動金利キャッシュフローの合計:

$$\sum_{i=1}^{m} L_{t,T_i} \cdot \delta_i \cdot P_{t,T_i+\delta_i} = \sum_{i=1}^{m} (P_{t,T_i} - P_{t,T_{i+1}}) = P_{t,T_1} - P_{t,T_{m+1}}$$

金利スワップの固定金利のキャッシュフローの合計は、固定金利をKとすると割引債価格を用いて次のように表せます。

固定金利キャッシュフローの合計:

$$\sum_{i=1}^{m} K \cdot \delta_i \cdot P_{t,T_i+\delta_i} = K \cdot \sum_{i=1}^{m} \delta_i \cdot P_{t,T_{i+1}}$$

したがって、時点 t におけるフォワード満期 T_1、スワップ満期 T_{m+1} のフォワード・スワップレート（スワップレートのフォワードレート）$S_{t,T_1}^{T_{m+1}}$ は、すでに述べたように、スワップのパーレートであり、変動金利側と固定金利側の価値が等しいときの固定金利の値であり、割引債価格を用いて次のように求めることができます。

$$S_{t,T_1}^{T_{m+1}}(=K) = \frac{P_{t,T_1} - P_{t,T_{m+1}}}{\sum_{i=1}^{m} \delta_i \cdot P_{t,T_{i+1}}}$$

(2) キャップ／フロアーの評価

さて次は、キャップのプライシングについて考えてみましょう。キャッシュフローの1回の利払いに対応する $\max\{LIBOR - \text{キャップレート}, 0\}$（金利決定時に参照する指標金利であるLIBORがキャップレート以上の場合の差額）を**キャップレット（Caplet）**と呼びます。図表2．3から、このキャプレット自体が独立して、それぞれ金利に対する1つのコールオプションになっていることがわかります。すなわち、キャップとはキャップレットの集合体であり、金利のコールオプションのポートフォリオとみなすことができます。したがって、キャップのプライシングを行うには、各キャップレットの評価を行い、これらを合計することでキャップの評価が求められます。

ブラック・ショールズ・モデルでは、変動金利であるLIBORのフォワードレートを原資産とします。このフォワードLIBORの満期 T の時点 t における過程を次のように設定します。

$$\frac{dL_{t,T}}{L_{t,T}} = 0dt + \sigma dW_t \quad \text{for } t < T \qquad \cdots\cdots\cdots(2.2)$$

この式（2.2）は、ブラック・ショールズ・モデルのフォワード価格の過程と同じになっており、フォワード取引と同じ性質をもつという考えから同様の過程になっています。すなわち、ドリフトがゼロであることから、ブ

図表2.3 キャップのキャッシュフロー

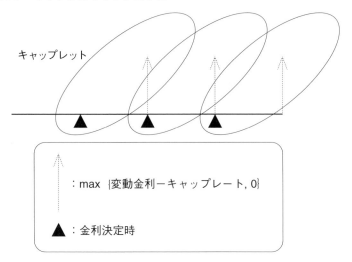

ラック・ショールズ・モデルはフォワードLIBORがマルチンゲールであると仮定していることを意味します。したがって、ブラック・ショールズ・モデルでは、短期先物レートがFRAのレートと等価、すなわちフォワードLIBORと等しくなります（$F_{t,T_i} = E[L_{T_i,T_i} | \varphi_t] = L_{t,T_i}$）。

ここで、式（2.2）に伊藤の公式を使うと前章と同様に次のように表せます。

$$d\ln L_{t,T} = -\frac{1}{2}\sigma^2 dt + \sigma dW_t$$

一方、キャップレットの金利決定時における価値、すなわち本源的価値は、キャップレートをK、金利決定日をT_i、受払い日をT_{i+1}、付利期間をδ_i（たとえば、6カ月≒183/360）とすると、本源的価値は、

$$P_{T_i,T_{i+1}} \cdot \delta_i \cdot \max\{L_{T_i,T_i} - K, 0\}$$

となります（図表2.4参照）。ここで、割引債価格$P_{T_i,T_{i+1}}$は将来時点のキャッシュフローの価値を特定時点まで引き戻すディスカウント・ファク

図表2.4 キャップレットの金利決定時における価値

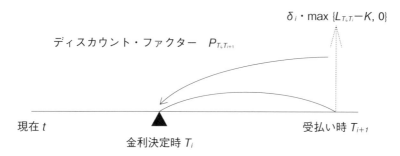

ターとして使われています。またこのとき、フォワード6ヵ月LIBOR L_{T_i,T_i} は T_i における6ヵ月LIBORに一致します。

ブラック・ショールズ・モデルにより、マネー・マーケット・アカウントをフォワードLIBORに対して独立と仮定することで、時点 t でのキャップレットの価値は次のように計算できます。

$$
\begin{aligned}
Caplet_t&(T_i, K) \\
&= B_t \cdot E\left[\frac{1}{B_{T_i}} \cdot P_{T_i,T_{i+1}} \cdot \delta_i \cdot \max\{L_{T_i,T_i} - K, 0\} \,\middle|\, \varphi_t\right] \\
&= B_t \cdot E\left[\frac{1}{B_{T_i}} \cdot P_{T_i,T_{i+1}} \,\middle|\, \varphi_t\right] \cdot \delta_i \cdot E\left[\max\{L_{T_i,T_i} - K, 0\} \,\middle|\, \varphi_t\right] \\
&= P_{t,T_{i+1}} \cdot \delta_i \cdot \int_{-d_i + \sigma\sqrt{T_i - t}}^{\infty} (L_{t,T_i} \cdot e^{-\frac{1}{2}\sigma^2(T_i - t) + \sigma\sqrt{T_i - t} \cdot x} - K) \cdot \frac{1}{\sqrt{2\pi}} e^{-\frac{1}{2}x^2} dx \\
&= P_{t,T_{i+1}} \cdot \delta_i \cdot \{L_{t,T_i} N(d_i) - K \cdot N(d_i - \sigma\sqrt{T_i - t})\}
\end{aligned}
$$

$$
d_i = \frac{\ln \frac{L_{t,T_i}}{K} + \frac{1}{2}\sigma^2(T_i - t)}{\sigma\sqrt{T_i - t}}
$$

キャップはキャップレットの集合体であったので、ブラック・ショールズ・モデルにおけるキャップの現在価値の計算は以下のとおりになります（$t < T_1 < \cdots < T_{m+1}$）。

$$Cap_t(T_1,T_{m+1},K) = \sum_{i=1}^{m}[P_{t,T_{i+1}} \cdot \delta_i \cdot \{L_{t,T_i} \cdot N(d_i) - K \cdot N(d_i - \sigma\sqrt{T_i-t}\,)\}]$$

ただし、ブラック・ショールズ・モデルでは、フォワードLIBORがゼロ以下にならない対数正規分布に従うことを前提にしているため、マイナス金利を扱えません。そのため、マイナス金利を表現できるように次のような変動過程を前提とした**バシュリエ・モデル**（Bachelier model）も知られています。

$$dL_{t,T} = 0dt + \sigma dW_t \quad for\ t < T$$

この場合、フォワードLIBORは正規分布に従うことを前提にしているので、マイナス金利を表現できます。このバシュリエ・モデルでは、キャップの現在価値の計算は次のようになります。

$$Cap_t(T_1,T_{m+1},K)$$
$$= \sum_{i=1}^{m}\left[P_{t,T_{i+1}} \cdot \delta_i \cdot E\left[\max\{L_{T_i,T_i}-K,0\}\big|\varphi_t\right]\right]$$
$$= \sum_{i=1}^{m}\left[P_{t,T_{i+1}} \cdot \delta_i \cdot \int_{-d_i}^{\infty}(L_{t,T_i}+\sigma\sqrt{T_i-t}\cdot x-K)\cdot \frac{1}{\sqrt{2\pi}}e^{-\frac{1}{2}x^2}dx\right]$$
$$= \sum_{i=1}^{m}\left[P_{t,T_{i+1}} \cdot \delta_i \cdot \{(L_{t,T_i}-K)\cdot N(d_i) + \sigma\sqrt{T_i-t}\cdot n(d_i)\}\right]$$
$$d_i = \frac{L_{t,T_i}-K}{\sigma\sqrt{T_i-t}}$$

ここで、$N(z) = \int_{-\infty}^{z} n(x)dx$ は標準正規分布の累積密度関数、$n(x) = \frac{1}{\sqrt{2\pi}}e^{-\frac{1}{2}x^2}$ は標準正規分布の確率密度関数を表しています。

さらに、ブラック・ショールズ・モデルを修正して、マイナス金利の下限を設けた変動過程を仮定した**シフテッド・ブラック・ショールズ・モデル**（Shifted Black Scholes model）もよく知られています。

$$\frac{dL_{t,T}}{L_{t,T}+c} = \frac{d(L_{t,T}+c)}{L_{t,T}+c} = 0dt + \sigma dW_t \quad \text{for } t < T \quad \cdots\cdots (2.3)$$

ここで c は定数でシフト幅を表します。

ここでも、式（2.3）に対して伊藤の公式を使うと、

$$d\ln(L_{t,T}+c) = -\frac{1}{2}\sigma^2 dt + \sigma dW_t$$

この場合、フォワードLIBORは**移動対数正規分布（Shifted lognormal distribution）** に従うことを前提にしているのでフォワードLIBORが $-c$ 以下にはならないものの、その範囲まではマイナス金利を扱えます。このシフテッド・ブラック・ショールズ・モデルでは、キャップの現在価値の計算は次のようになります。

$$\begin{aligned}
&Cap_t(T_1, T_{m+1}, K) \\
&= \sum_{i=1}^{m} \Big[P_{t,T_{i+1}} \cdot \delta_i \cdot E\Big[\max\{L_{T_i,T_i}+c-K-c, 0\} \Big| \varphi_t \Big] \Big] \\
&= \sum_{i=1}^{m} \Big[P_{t,T_{i+1}} \cdot \delta_i \cdot \int_{-d_i+\sigma\sqrt{T_i-t}}^{\infty} \Big((L_{t,T_i}+c) \cdot e^{-\frac{1}{2}\sigma^2(T_i-t)+\sigma\sqrt{T_i-t}\cdot x} - (K+c) \Big) \cdot \frac{1}{\sqrt{2\pi}} e^{-\frac{1}{2}x^2} dx \Big] \\
&= \sum_{i=1}^{m} \Big[P_{t,T_{i+1}} \cdot \delta_i \cdot \{ (L_{t,T_i}+c) \cdot N(d_i) - (K+c) \cdot N(d_i - \sigma\sqrt{T_i-t}) \} \Big]
\end{aligned}$$

$$d_i = \frac{\ln \dfrac{L_{t,T_i}+c}{K+c} + \dfrac{1}{2}\sigma^2(T_i-t)}{\sigma\sqrt{T_i-t}}$$

フロアーの場合は、**フロアーレット（Floorlet）** の集合体であり、金利のプットオプションのポートフォリオとみなすことができます。単体のフロアーレットのキャッシュフローは max{フロアーレート－LIBOR, 0}（金利決定時に参照する指標金利であるLIBORがフロアーレート以下の場合の差額）となりますので、キャップと同じように計算できます。シフテッド・ブラック・ショールズ・モデルでは、

$$Floor_t(T_1,T_{m+1},K) = \sum_{i=1}^{m}\Big[P_{t,T_{i+1}}\cdot\delta_i\cdot\{-(L_{t,T_i}+c)\cdot N(-d_i) \\ +(K+c)\cdot N(-d_i+\sigma\sqrt{T_i-t}\,)\}\Big]$$

ここで、シフト幅がゼロの場合は、ブラック・ショールズ・モデルの計算になりますね。

$$Floor_t(T_1,T_{m+1},K) = \sum_{i=1}^{m}\Big[P_{t,T_{i+1}}\cdot\delta_i\cdot\{-L_{t,T_i}N(-d_i)+K\cdot N(-d_i+\sigma\sqrt{T_i-t}\,)\}\Big]$$

一方、バシュリエ・モデルでは、

$$Floor_t(T_1,T_{m+1},K) = \sum_{i=1}^{m}\Big[P_{t,T_{i+1}}\cdot\delta_i\cdot\{-(L_{t,T_i}-K)\cdot N(-d_i)+\sigma\sqrt{T_i-t}\,n(d_i)\}\Big]$$

と表せます。

(3) 金利スワップションの評価

スワップションはスワップのオプションですが、権利行使のチャンスがオプション満期日の1回しかないものを**ヨーロピアン（European）**、オプション取引の開始日からオプション満期日までの期間中いつでも権利行使できるものを**アメリカン（American）**と呼びます。また、その中間で期間中に権利行使のチャンスが2回以上複数あるものを**バミューダン（Bermudan）**と呼びますが、これはバミューダ諸島がアメリカとヨーロッパの間にあることに由来しています。ちなみに、権利行使の回数が2回だけのバミューダン・スワップションは**カナリー（Canary）**と呼ばれますが、これはヨーロッパとバミューダ諸島の間にカナリア諸島が位置していることからきています。

ここでは、プレーン・バニラ・スワップに対するヨーロピアン・タイプの金利スワップションのプライシングについて考えます（この金利スワップションのデータは金融市場で観測できます）。ブラック・ショールズ・モデルでは、キャップレットの原資産価格をフォワードLIBORと置いたのに対して、スワップションについてはフォワード・スワップレートを原資産価格にします。フォワード満期をTとする時点tのフォワード・スワップレート

$S_{t,T}$ に対してフォワードLIBORと同じような過程を設定します。

$$\frac{dS_{t,T}}{S_{t,T}} = 0dt + \tilde{\sigma}dW_t \quad \text{for } t < T$$

$$\Rightarrow d\ln S_{t,T} = -\frac{1}{2}\tilde{\sigma}^2 dt + \tilde{\sigma}dW_t \quad \text{for } t < T$$

ペイヤーズワップションがスワップションのコールオプション、レシーバースワップションがプットオプションといえると前章で述べたとおり、ヨーロピアン・スワップションの権利行使時での損益、すなわち本源的価値は、固定金利をK、権利行使日T_0($t < T_0 \leq T_1 < \cdots < T_{m+1}$)とすると、次のようになります。

ペイヤーズワップションの権利行使日における価値：

$$\max\{S_{T_0,T_1}^{T_{m+1}} - K, 0\} \cdot \sum_{i=1}^{m} \delta_i \cdot P_{T_0,T_{i+1}}$$

レシーバースワップションの権利行使日における価値：

$$\max\{K - S_{T_0,T_1}^{T_{m+1}}, 0\} \cdot \sum_{i=1}^{m} \delta_i \cdot P_{T_0,T_{i+1}}$$

ここで、$S_{T_0,T_1}^{T_{m+1}}$は時点T_0（権利行使日）におけるフォワード満期T_1、スワップ満期T_{m+1}のフォワード・スワップレートです。

スワップションは、キャップ／フロアーと同様にオプションのポートフォリオ（複数のオプションの集合体）のようにみえますが、権利行使条件が個別に複数あるわけではなく、1つの権利行使条件に対して複数のキャッシュフローが対応していますので、ポートフォリオのオプションといえます。ブラック・ショールズ・モデルにおけるオプション満期（権利行使日）T_0、スワップ満期T_{m+1}のヨーロピアン・スワップションの現在価値は、マネー・マーケット・アカウントをフォワード・スワップレートに対して独立と仮定することにより、次のように計算されます。

〈ペイヤースワップション〉

$$Payer_t(T_0, T_{m+1}, K)$$

$$= B_t \cdot E\left[\frac{1}{B_{T_0}} \cdot \max\{S_{T_0, T_1}^{T_{m+1}} - K, 0\} \sum_{i=1}^{m} \delta_i \cdot P_{T_0, T_{i+1}} \middle| \varphi_t \right]$$

$$= E\left[\max\{S_{T_0, T_1}^{T_{m+1}} - K, 0\} \middle| \varphi_t \right] \cdot B_t \cdot E\left[\frac{1}{B_{T_0}} \cdot \sum_{i=1}^{m} \delta_i \cdot P_{T_0, T_{i+1}} \middle| \varphi_t \right]$$

$$= \int_{-d+\tilde{\sigma}\sqrt{T_0-t}}^{\infty} \left(S_{t, T_1}^{T_{m+1}} \cdot e^{-\frac{1}{2}\tilde{\sigma}^2 \cdot (T_0-t) + \tilde{\sigma}\sqrt{T_0-t} \cdot x} - K \right) \cdot \frac{1}{\sqrt{2\pi}} e^{-\frac{1}{2}x^2} dx$$

$$\cdot \sum_{i=1}^{m} \delta_i \cdot E\left[\frac{B_t}{B_{T_0}} \cdot P_{T_0, T_{i+1}} \middle| \varphi_t \right]$$

$$= \left\{ S_{t, T_1}^{T_{m+1}} \cdot N(d) - K \cdot N(d - \tilde{\sigma}\sqrt{T_0-t}) \right\} \cdot \sum_{i=1}^{m} \delta_i \cdot P_{t, T_{i+1}}$$

$$d = \frac{\ln \frac{S_{t, T_1}^{T_{m+1}}}{K} + \frac{1}{2} \tilde{\sigma}^2 (T_0-t)}{\tilde{\sigma}\sqrt{T_0-t}}$$

〈レシーバースワップション〉

$$Receiver_t(T_0, T_{m+1}, K) = \left\{ -S_{t, T_1}^{T_{m+1}} \cdot N(-d) + K \cdot N(-d + \tilde{\sigma}\sqrt{T_0-t}) \right\} \cdot \sum_{i=1}^{m} \delta_i \cdot P_{t, T_{i+1}}$$

なお、オプション満期T_0、スワップ満期T_{m+1}のヨーロピアン・スワップションは、金融市場では一般的にオプション満期T_0=原資産スワップのスタート日T_1で、$T_1 \times (T_{m+1} - T_1)$ または $T_1 - \text{into} - (T_{m+1} - T_1)$ と表記されます。

ちなみに、$S_{t, T_1}^{T_{m+1}} = K$の場合、すなわち、もし即座に権利行使した場合に価値がゼロとなるアット・ザ・マネー(ATM:At The Money)のときには、

〈ペイヤースワップション〉

$$Payer_t(T_0, T_{m+1}, S_{t, T_1}^{T_{m+1}}) = S_{t, T_1}^{T_{m+1}} \cdot \left\{ N\left(\frac{\tilde{\sigma}\sqrt{T_0-t}}{2}\right) - N\left(-\frac{\tilde{\sigma}\sqrt{T_0-t}}{2}\right) \right\} \cdot \sum_{i=1}^{m} \delta_i \cdot P_{t, T_{i+1}}$$

〈レシーバースワップション〉

$$Receiver_t(T_0,T_{m+1},S_{t,T_1}^{T_{m+1}})=S_{t,T_1}^{T_{m+1}}\cdot\left\{-N\left(-\frac{\tilde{\sigma}\sqrt{T_0-t}}{2}\right)+N\left(\frac{\tilde{\sigma}\sqrt{T_0-t}}{2}\right)\right\}\cdot\sum_{i=1}^m\delta_i\cdot P_{t,T_{i+1}}$$
$$=Payer_t(T_0,T_{m+1},S_{t,T_1}^{T_{m+1}})$$

となり、$S_{t,T_1}^{T_{m+1}}=K$の場合には、ペイヤースワップションとレシーバースワップションが同じ値になることがわかります。なお、もし即座に権利行使した場合に正の価値となる状態を**イン・ザ・マネー**（ITM：In The Money）、もし即座に権利行使した場合に負の価値となる状態を**アウト・オブ・ザ・マネー**（OTM：Out of The Money）といいます。ペイヤースワップションでは、フォワード・スワップレートが行使価格に相当する固定金利を上回る状態がITM、下回る状態がOTMとなり、レシーバースワップションではその逆になります。

キャップ／フロアーのときと同様に、ブラック・ショールズ・モデルではフォワード・スワップレートが対数正規分布に従うことを前提にしているため、マイナス金利は扱えません。フォワード・スワップレートが正規分布に従うことを前提にしているバシュリエ・モデルではヨーロピアン・スワップションの現在価値は次のように表せます。

〈ペイヤースワップション〉

$$Payer_t(T_0,T_{m+1},K)=\left\{(S_{t,T_1}^{T_{m+1}}-K)\cdot N(d)+\tilde{\sigma}\sqrt{T_0-t}\cdot n(d)\right\}\cdot\sum_{i=1}^m\delta_i\cdot P_{t,T_{i+1}}$$
$$d=\frac{S_{t,T_1}^{T_{m+1}}-K}{\tilde{\sigma}\sqrt{T_0-t}}$$

〈レシーバースワップション〉

$$Receiver_t(T_0,T_{m+1},K)=\left\{-(S_{t,T_1}^{T_{m+1}}-K)\cdot N(-d)+\tilde{\sigma}\sqrt{T_0-t}\cdot n(d)\right\}\cdot\sum_{i=1}^m\delta_i\cdot P_{t,T_{i+1}}$$

このバシュリエ・モデルがATMのときには、次のようにかなり簡単な式で計算できます。

〈ペイヤースワップション〉=〈レシーバースワップション〉

$$Payer_t(T_0, T_{m+1}, S_{t,T_1}^{T_{m+1}}) = Receiver_t(T_0, T_{m+1}, S_{t,T_1}^{T_{m+1}}) = \tilde{\sigma}\sqrt{\frac{T_0-t}{2\pi}} \cdot \sum_{i=1}^{m} \delta_i \cdot P_{t,T_{i+1}}$$

さらに、フォワード・スワップレートがシフト幅 c をもつ移動対数正規分布に従うことを前提としているシフテッド・ブラック・ショールズ・モデルではヨーロピアン・スワップションの現在価値は次のようになります。

〈ペイヤースワップション〉

$$Payer_t(T_0, T_{m+1}, K) = \{(S_{t,T_1}^{T_{m+1}} + c) \cdot N(d) - (K+c) \cdot N(d - \tilde{\sigma}\sqrt{T_0-t})\} \cdot \sum_{i=1}^{m} \delta_i \cdot P_{t,T_{i+1}}$$

$$d = \frac{\ln\frac{S_{t,T_1}^{T_{m+1}} + c}{K+c} + \frac{1}{2}\tilde{\sigma}^2(T_0-t)}{\tilde{\sigma}\sqrt{T_0-t}}$$

〈レシーバースワップション〉

$$Receiver_t(T_0, T_{m+1}, K) = \{-(S_{t,T_1}^{T_{m+1}} + c) \cdot N(-d) + (K+c) \cdot N(-d + \tilde{\sigma}\sqrt{T_0-t})\}$$
$$\cdot \sum_{i=1}^{m} \delta_i \cdot P_{t,T_{i+1}}$$

こちらもATMの場合は、次のようになります。

〈ペイヤースワップション〉=〈レシーバースワップション〉

$$Payer_t(T_0, T_{m+1}, S_{t,T_1}^{T_{m+1}}) = Receiver_t(T_0, T_{m+1}, S_{t,T_1}^{T_{m+1}})$$
$$= (S_{t,T_1}^{T_{m+1}} + c) \cdot \left\{ N\left(\frac{\tilde{\sigma}\sqrt{T_0-t}}{2}\right) - N\left(-\frac{\tilde{\sigma}\sqrt{T_0-t}}{2}\right) \right\}$$
$$\cdot \sum_{i=1}^{m} \delta_i \cdot P_{t,T_{i+1}}$$

ちなみに、ATMのヨーロピアン・スワップションの価格はインターバンク市場で提示されていますが、バシュリエ・モデルの正規分布を前提としているボラティリティ $\tilde{\sigma}_N$ とシフテッド・ブラック・ショールズ・モデルの移

動対数正規分布を前提としているボラティリティ $\tilde{\sigma}_{SLN}$ の間の関係は、次の関係式で表せることが上述のATMの場合の2つの式からわかります。

$$\tilde{\sigma}_N \sqrt{\frac{T_0-t}{2\pi}} \cdot \sum_{i=1}^{m} \delta_i \cdot P_{t,T_{i+1}}$$
$$= (S_{t,T_1}^{T_{m+1}} + c) \cdot \left\{ N\left(\frac{\tilde{\sigma}_{SLN}\sqrt{T_0-t}}{2}\right) - N\left(-\frac{\tilde{\sigma}_{SLN}\sqrt{T_0-t}}{2}\right) \right\} \cdot \sum_{i=1}^{m} \delta_i \cdot P_{t,T_{i+1}}$$
$\Rightarrow$

$$\tilde{\sigma}_N = \sqrt{\frac{2\pi}{T_0-t}} \cdot (S_{t,T_1}^{T_{m+1}} + c) \cdot \left\{ 2 \cdot N\left(\frac{\tilde{\sigma}_{SLN}\sqrt{T_0-t}}{2}\right) - 1 \right\}$$
$$= \sqrt{\frac{2\pi}{T_0-t}} \cdot (S_{t,T_1}^{T_{m+1}} + c) \cdot erf\left(\frac{\tilde{\sigma}_{SLN}\sqrt{T_0-t}}{2\sqrt{2}}\right)$$
$\Rightarrow$

$$\tilde{\sigma}_{SLN} = \frac{2\sqrt{2}}{\sqrt{T_0-t}} \cdot erf^{-1}\left(\frac{\tilde{\sigma}_N}{S_{t,T_1}^{T_{m+1}} + c} \sqrt{\frac{T_0-t}{2\pi}}\right)$$
$$= \frac{2}{\sqrt{T_0-t}} \cdot N^{-1}\left(\frac{1}{2}\left\{\frac{\tilde{\sigma}_N}{S_{t,T_1}^{T_{m+1}} + c} \sqrt{\frac{T_0-t}{2\pi}} + 1\right\}\right)$$

ここで、$erf(z) = \frac{2}{\sqrt{\pi}} \int_0^z e^{-x^2} dx = 2 \cdot N(z\sqrt{2}) - 1$ は（ガウスの）**誤差関数**（Error function）、$erf^{-1}(x)$ は誤差関数の逆関数、$N^{-1}(x)$ は標準正規分布の累積密度関数の逆関数を表しています。

ここまでのヨーロピアン・スワップションは権利行使時に原資産のスワップを実際に取引する現物決済型のスワップションの計算ですが、差金決済型のスワップションというのも取引されています。米ドルや日本円の金利スワップションは差金決済型において、権利行使時での損益が、原資産であるスワップ現物の再評価値による差金決済（ゼロクーポン・キャッシュセトル

と呼ばれる）であるため、評価において、現物決済と変わらない一方、欧州のユーロや英ポンドのスワップションは**イールドセトル**と呼ばれる差金決済が中心で、決済時における本源的価値が現物決済と異なり次のものを使用することになっています。

ペイヤースワップションの権利行使日における価値：

$$\max\{S_{T_0,T_1}^{T_{m+1}}-K,0\}\cdot\sum_{i=1}^{m}\frac{\delta}{(1+\delta\cdot S_{T_0,T_1}^{T_{m+1}})^i}$$

レシーバースワップションの権利行使日における価値：

$$\max\{K-S_{T_0,T_1}^{T_{m+1}},0\}\cdot\sum_{i=1}^{m}\frac{\delta}{(1+\delta\cdot S_{T_0,T_1}^{T_{m+1}})^i}$$

ここで、 $\displaystyle\sum_{i=1}^{m}\frac{\delta}{(1+\delta\cdot S_{T_0,T_1}^{T_{m+1}})^i} = \begin{cases}\dfrac{1}{S_{T_0,T_1}^{T_{m+1}}}\left[1-\dfrac{1}{(1+\delta\cdot S_{T_0,T_1}^{T_{m+1}})^m}\right] & S_{T_0,T_1}^{T_{m+1}} > 0 \\ (\delta\cdot m) & S_{T_0,T_1}^{T_{m+1}} = 0\end{cases}$

そのうえで、このスワップレートで割り引くようなイールドセトルを考慮し、市場慣行として現物決済型の公式とはディスカウントが違う近似公式を用いているので注意する必要があります。フォワード・スワップレートが正規分布に従うと仮定するバシュリエ・モデルでは、

〈ペイヤースワップション〉

$$Payer_t(T_0,T_{m+1},K) = \left\{(S_{t,T_1}^{T_{m+1}}-K)\cdot N(d) + \tilde{\sigma}\sqrt{T_0-t}\cdot n(d)\right\}\cdot P_{t,T_0}$$
$$\cdot\sum_{i=1}^{m}\frac{\delta}{(1+\delta\cdot S_{t,T_1}^{T_{m+1}})^i}$$

〈レシーバースワップション〉

$$Receiver_t(T_0,T_{m+1},K) = \left\{-(S_{t,T_1}^{T_{m+1}}-K)\cdot N(-d) + \tilde{\sigma}\sqrt{T_0-t}\cdot n(d)\right\}\cdot P_{t,T_0}$$
$$\cdot\sum_{i=1}^{m}\frac{\delta}{(1+\delta\cdot S_{t,T_1}^{T_{m+1}})^i}$$

フォワード・スワップレートがシフト幅cをもつ移動対数正規分布に従うと仮定するシフテッド・ブラック・ショールズ・モデルでは、

〈ペイヤースワップション〉

$$Payer_t(T_0,T_{m+1},K)=\left\{(S_{t,T_1}^{T_{m+1}}+c)\cdot N(d)-(K+c)\cdot N(d-\tilde{\sigma}\sqrt{T_0-t})\right\}\cdot P_{t,T_0}$$
$$\cdot \sum_{i=1}^{m}\frac{\tilde{\delta}}{(1+\tilde{\delta}\cdot S_{t,T_1}^{T_{m+1}})^i}$$

〈レシーバースワップション〉

$$Receiver_t(T_0,T_{m+1},K)=\left\{-(S_{t,T_1}^{T_{m+1}}+c)\cdot N(-d)+(K+c)\cdot N(-d+\tilde{\sigma}\sqrt{T_0-t})\right\}\cdot P_{t,T_0}$$
$$\cdot \sum_{i=1}^{m}\frac{\tilde{\delta}}{(1+\tilde{\delta}\cdot S_{t,T_1}^{T_{m+1}})^i}$$

と表し、差金決済型に用いられます。したがって、このような近似公式を用いた差金決済型のインプライド・ボラティリティは現物決済型のものとは異なることになります。

2 金利期間構造モデル

　前節では、(金利の)ブラック・ショールズ・モデルとその周辺モデルをみてきましたが、これらのモデルで金利デリバティブのプライシングをするには、いくつか気がかりな点があります。

　1つ目は、金利には**イールドカーブ**(Yield curve)と呼ばれる金利の期間構造が存在するということです。この金利期間構造とは、各期間の金利が1つの体系の1要素となり、全体で1つの曲線を構成していることをいいます(金利の期間構造とは別にボラティリティの期間構造というのも存在します)。そのため、金利系原資産の価格過程を考えるときには、イールドカー

ブ全体（金利間の関係）の動きを考慮する必要があります。しかしながら、ブラック・ショールズ・モデルやバシュリエ・モデルでは、イールドカーブから導き出したフォワードLIBORやフォワード・スワップレートの確率過程を用いているにもかかわらず、現在価値を求めるために、同じくイールドカーブに織り込まれているマネー・マーケット・アカウントをフォワードLIBOR、フォワード・スワップレートに対して独立と仮定して（つまり金利期間構造を無視して）計算しています。

　2つ目は、金利には長期的にある平均的な水準に回帰していく傾向がみられるということです。それは、金利のボラティリティが一定ではなく、時間の経過とともに減少していく傾向があることを意味します（これはボラティリティの期間構造の一例になります）。このような性質を**平均回帰（Mean reversion）性**と呼びます。金利のブラック・ショールズ・モデルやバシュリエ・モデルでは、フォワードレートのボラティリティが一定となっており、平均回帰性を含むボラティリティの期間構造を有していないため、フォワードレートが時間の経過とともに単純に拡散してしまいます。

　この金利のブラック・ショールズ・モデルやバシュリエ・モデルに対して、金利の期間構造を考慮したモデルは、**金利期間構造モデル（Term structure model）**と呼ばれ、そのなかでも、平均回帰性が織り込まれているモデルに、**ハル・ホワイト・モデル（Hull White model）**や**コックス・インガソル・ロス・モデル（Cox Ingersoll Ross model：通称CIRモデル）**があります。ハル・ホワイト・モデルは**無裁定（No arbitrage）**アプローチを、コックス・インガソル・ロス・モデルは**均衡（Equilibrium）**アプローチを採用しています。

　無裁定アプローチとは、任意のデリバティブ商品に対し、損益を複製するようなダイナミック（動的）ヘッジポートフォリオを、時間の経過に伴う資金の出し入れがないポートフォリオ（**資金自己調達的ポートフォリオ：Self-financing portfolio**）のかたちで組成できるという枠組みのもとで導く手法です。無裁定という呼び名は、ヘッジポートフォリオを組む際、その対

象デリバティブ商品との間に裁定機会、フリーランチが生じない、すなわち無裁定という前提を設けるからです。これは、基本的には一物一価と同じことをいっています。無裁定アプローチの特徴としては、現時点での原資産の価格とそのボラティリティおよびマネー・マーケット・アカウントのデータがあれば、プライシングができる点です。金利期間構造モデルの場合は、現時点の原資産価格とマネー・マーケット・アカウントの情報を含む、現時点のイールドカーブの値とそのボラティリティを所与のものとして計算します。ブラック・ショールズ・モデルでも無裁定アプローチを採用しているのですが、他の期間の債券や金利との無裁定を考慮していないため、市場で直接売買できる証券が原資産でかつオプション期間が短い等、他の期間の金利との関係をほとんど気にしない場合に限ります。ただし、条件付期待値の計算で使用する確率過程に対して、ある変換を行うことで金利期間構造を織り込んだ状態のまま、ブラック・ショールズ・モデルと同じ計算式を使えることが証明されています。これは、マネー・マーケット・アカウントに対する相対価格を基準にするかわりに、割引債等の他の資産に対する相対価格を基準に条件付期待値を計算することで、他の期間の債券との関係を織り込む手法で、LIBORマーケット・モデルやスワップ・マーケット・モデルで用いられています。なお、この手法だけではボラティリティの期間構造が直接的にはモデル化されていないために、それを補完するためのさらなる工夫がモデルの実装に求められます（金利デリバティブ研究会著『基礎からわかるLIBORマーケット・モデルの実務』参照）。

　均衡アプローチとは、選好順序を表す**効用関数**（Utility function）を使って、**代表的な投資家**（Representative agent）の利潤を最大化させるという経済学の一般均衡理論をベースにしています。均衡アプローチの特徴は、現時点のイールドカーブを前提とするのではなく、イールドカーブそのものを推定（Calibration）するところから入ります。すなわち、市場で観測されるイールドカーブそのものを使用するのではなく、市場で観測される情報から均衡イールドカーブを推定したうえで、対象商品の評価を行うものです。

均衡アプローチの代表的なモデルであるコックス・インガソル・ロス・モデルは、次のような特徴をもっています。
① イールドカーブの起点となる連続複利の短期金利が次の平均回帰的平方根過程に従う。

$$dr_t = a(\theta - r_t)dt - \lambda r_t dt + \sigma \sqrt{r_t} dW_t$$

a：長期金利への回帰の速さ

θ：長期金利の水準

σ：短期金利のボラティリティの水準

λ：金利リスクの市場価格

② 金利が常に非負
③ キャップ／フロアー、ヨーロピアン・スワップションに対して解析解をもつ
④ 一般に観測されているような、ゆがみのあるイールドカーブの形状の再現が困難

余談ですが、コックス・インガソル・ロス・モデルが採用している平均回帰的平方根過程をイールドカーブではなく、ボラティリティの期間構造に対する確率過程に用いた**ヘストン・モデル（Heston model）**は、代表的な確率ボラティリティモデルの1つになります。

また、④を改善したモデルとして、**DSR（Double Square Root）モデル**と呼ばれる均衡モデルも知られています。

$$dr_t = a(\mu - \sqrt{r_t})dt - 2\lambda r_t dt + \sigma \sqrt{r_t} dW_t$$

$$\mu = \frac{\sigma^2}{4a}$$

これ以降は、無裁定アプローチの金利期間構造モデルとしてよく知られているハル・ホワイト・モデルについて学習していきますが、その前に、金利期間構造モデルを扱ううえで、もう1つ重要なポイントであるシングルカーブとマルチカーブの枠組みの違いについてみてみることにしましょう。

3 マルチカーブの背景

2007年のサブプライムの住宅ローン問題に端を発した世界的な信用危機から翌年終盤のリーマンショックを経て、金融市場では（現金）担保も含めた取引相手の信頼度を店頭デリバティブ取引の評価に織り込み始め、おのずと担保金利についても意識し始めました。しかしながら、ブラック・ショールズ・モデルだけでなく、金利期間構造モデルも含め、従前のデリバティブの価格理論には、一般にCSAと呼ばれる、デリバティブ取引における担保契約による担保付きの条件は考慮されていませんでした。

このCSA（Credit Support Annex）は、デリバティブ取引の業界団体であるISDA（国際スワップデリバティブ協会：International Swaps and Derivatives Association, Inc.）のマスター契約に付随する担保付取引の文書の標準様式のことを指します。CSAには担保の設定と取引相手が契約を履行できない場合の対処義務が明記されていて、店頭デリバティブ取引に対する担保の受払い契約といえます。決められた格付を下回ると追加的な担保を積むということも、ここに記載されます。CSAの条件としては、値洗い頻度、適格担保の種類、**信用極度額**（Threshold）、**最低引渡担保額**（Minimum Transfer Amount）、**独立担保額**（Independent Amount）等があり、差入担保額は次のように求められます。

　差入担保額＝（必要担保額－保有担保額）＞最低引渡担保額

　相手の必要担保額＝正の時価評価額＋相手の独立担保額－自分の独立担保額－相手の信用極度額

ちなみに、独立担保額はエクスポージャーである正の時価評価額とは別建てで、評価日から担保受渡しまでに要する期間におけるエクスポージャーおよび担保価値の変動リスク等をカバーするために別途設定されている担保金額になります。余談ですが、金融機関ではオペレーショナルリスクの管理において、統制自己評価（Control Self-Assessment）というまったく別の意

味をもつCSAも実務では出てきます。

中央清算機関（CCP：Central Counterparty）やインターバンク市場では、担保金利には1日だけ現金の貸借りをするときの**オーバーナイト金利（翌日物金利）**が用いられていて、円の場合は無担保コールオーバーナイト物、米ドルの場合はFF金利（Federal Funds Rate）、ユーロの場合はEONIA（Euro Overnight Index Average）、英ポンドの場合はSONIA（Sterling Overnight Index Average）が使われています。

リーマンショック以降は、固定金利とオーバーナイト金利を交換する**OIS（Overnight Index Swap）**と呼ばれる金利スワップが活発に取引されるようになりました。OISにおけるオーバーナイト金利のキャッシュフローは複利計算された利息額になっており、固定金利であるOISレートとオーバーナイト金利の受払いの頻度はともに1年ごとで、満期が1年以下のものは最後に1度にまとめて受払いされます。

従来は、観測されるFRAや金利スワップレートに基づいて作成されるフォワードLIBORカーブから求められるディスカウント・ファクターで現在価値が計算されていました。先ほどの差入担保額を求める式をみてわかるとおり、信用極度額や最低引渡担保額が大きい場合は担保が出にくくなるので、担保によるカバレッジ比率が低下します。同じく週次の値洗いによるタイムラグ、現金以外の適格担保も担保のカバレッジ比率低下の要因になります。

リーマンショック以降は、値洗い頻度を日次、担保は現金、信用極度額と最低引渡担保額をゼロへという担保のカバレッジが100％へという流れのなか、金利スワップの評価でLIBORではなく、担保の金利といえるOISレートに基づいたディスカウント・ファクターを使用するようになりました。金利スワップの変動金利として参照する指標金利はLIBORのまま変わりませんので、LIBORカーブで変動金利の将来キャッシュフローを作成するものの、現在価値を計算するためのディスカウントにはOISカーブを使用するため、この場合、結果的にプライシングに2つのカーブを用いることになります。

さらに、従来の金利期間構造モデルによるプライシングの枠組みでは、たとえば、3カ月LIBORの2回 ($L^{3M}_{t,T_i}, L^{3M}_{t,T_i+\delta_{3M}}$) の複合計算された利息と、6カ月LIBOR ($L^{6M}_{t,T_i}$) の単利計算された利息は、フォワードLIBORと割引債価格との関係式（2.1）より、一致する仕組みになっていました。

$$(1+\delta_{3M} \cdot L^{3M}_{t,T_i}) \cdot (1+\delta_{3M} \cdot L^{3M}_{t,T_i+\delta_{3M}}) = \frac{P_{t,T_i}}{P_{t,T_i+\delta_{3M}}} \frac{P_{t,T_i+\delta_{3M}}}{P_{t,T_i+\delta_{6M}}}$$

$$= \frac{P_{t,T_i}}{P_{t,T_i+\delta_{6M}}} = (1+\delta_{6M} \cdot L^{6M}_{t,T_i}) \quad \cdots\cdots (2.4)$$

しかしながら、実際には3カ月の2回の複利と6カ月の単利は一致しません。金利スワップは固定金利と変動金利を交換する取引と前章で述べましたが、異なる期間の変動金利（LIBOR）を交換する**テナーベーシススワップ（Tenor basis swap）**と呼ばれるスワップ取引も市場で取り扱われています。このスワップの短い期間の変動金利のほうに上乗せされるスプレッドをLIBORテナーベーシスと呼び、たとえば、3カ月LIBORと6カ月LIBORを交換するテナーベーシススワップの場合は、3カ月LIBORの支払いにLIBORテナーベーシススプレッドが加えられます。このテナーベーシススプレッドがゼロでない以上、3カ月の2回の複利と6カ月の単利が一致せず（すなわち、式（2.4）が成り立たず）、異なる金利計算期間の無裁定が成立しません。従来の枠組みで3カ月LIBORと6カ月LIBORの間のテナーベーシススプレッドを無視できたのは、6カ月間のLIBORに加味されている銀行の信用リスクと3カ月間のLIBORに加味されている銀行の信用リスクとの違いを特に意識しないですんでいたからです。リーマンショック以降、そのテナーベーシススワップやLIBORとオーバーナイト金利を交換する**LIBOR-OISベーシススワップ**が活発に取引されています。現在の枠組みでは、ディスカウント・ファクターだけでなく、3カ月と6カ月のLIBORのカーブも分けて使用することになり、従来の枠組みをシングルカーブ、現在の複数のカーブをもつ枠組みをマルチカーブと呼び、2つのプライシングの枠組みを区別するようになりました。

4 マルチカーブの基本的な仕組み

マルチカーブでは、前節で述べたとおり、OISレートに基づくディスカウント・ファクター（$P_{t,T}^O$）を使用します。OISにおけるオーバーナイト金利のキャッシュフローは複利計算されますが、ディスカウントにもOISカーブを用いるので、OISのフォワードレート（$L_{t,T}^O$）はシングルカーブにおけるフォワードLIBORと同じようなかたち（LIBORと元本受払いとの等価関係）で考えることができます。

$$L_{t,T_i}^O \cdot \delta_{12M} \cdot P_{t,T_i+\delta_{12M}}^O = E\left[e^{-\int_t^{T_i+\delta_{12M}} r_u^O du} \cdot \left(e^{\int_{T_i}^{T_i+\delta_{12M}} r_u^O du} - 1\right)\middle|\varphi_t\right] = P_{t,T_i}^O - P_{t,T_i+\delta_{12M}}^O$$

$$\Rightarrow L_{t,T_i}^O = \frac{1}{\delta_{12M}}\left(\frac{P_{t,T_i}^O}{P_{t,T_i+\delta_{12M}}^O} - 1\right)$$

ここで、r_u^OはOISに基づく連続複利の短期金利で、$\left(e^{\int_{T_i}^{T_i+\delta_{12M}} r_u^O du} - 1\right)$は（想定）元本1がフォワード満期$T_i$から時点（$T_i+\delta_{12M}$）までオーバーナイト金利で運用された利息部分を表しています（OISでは前節で述べたとおりオーバーナイト金利の受払いが基本的に1年ごとであるため付利期間をδ_{12M}と表記）。したがって、フォワード・OISレートもシングルカーブにおけるフォワード・スワップレートのように表せます。

$$O_{t,T_1}^{T_{n+1}} = \frac{P_{t,T_1}^O - P_{t,T_{n+1}}^O}{\Sigma_{i=1}^n \delta_{12M} \cdot P_{t,T_{i+1}}^O}$$

一方、6カ月LIBORを変動金利の指標とする金利スワップの変動金利のキャッシュフローは、ディスカウントにOISカーブを使用するためにシングルカーブのときとは異なり、OISカーブからのスプレッドを考慮する必要が出てきます（次の式（2.5）ではスプレッドが確定的なものと仮定）。

$$L_{t,T_i}^{6M} \cdot \eth_{6M} \cdot P_{t,T_i+\eth_{6M}}^{O} = E\left[e^{-\int_t^{T_i+\eth_{6M}} r_u^O du} \cdot \eth_{6M} \cdot L_{T_i,T_i}^{6M} \middle| \varphi_t\right]$$

$$= E\left[e^{-\int_t^{T_i+\eth_{6M}} r_u^O du} \cdot \left(e^{\int_{T_i}^{T_i+\eth_{6M}} (r_u^O+b_u^{6M}) du} - 1\right) \middle| \varphi_t\right]$$

$$= P_{t,T_i}^{O} \cdot e^{\int_{T_i}^{T_i+\eth_{6M}} b_u^{6M} du} - P_{t,T_i+\eth_{6M}}^{O} \neq P_{t,T_i}^{O} - P_{t,T_i+\eth_{6M}}^{O}$$

$$\Rightarrow L_{t,T_i}^{6M} = \frac{1}{\eth_{6M}} \left(\frac{P_{t,T_i}^{O} \cdot e^{-\int_t^{T_i} b_u^{6M} du}}{P_{t,T_i+\eth_{6M}}^{O} \cdot e^{-\int_t^{T_i+\eth_{6M}} b_u^{6M} du}} - 1 \right)$$

$$= \frac{1}{\eth_{6M}} \left(\frac{P_{t,T_i}^{6M}}{P_{t,T_i+\eth_{6M}}^{6M}} - 1 \right) \qquad \cdots\cdots (2.5)$$

ここで、b_u^{6M} は連続複利ベースの 6 カ月 LIBOR と OIS とのスプレッドで、$(r_u^O+b_u^{6M})$ は 6 カ月 LIBOR に基づく連続複利の短期金利を表し、$\left(e^{\int_{T_i}^{T_i+\eth_{6M}} (r_u^O+b_u^{6M}) du} - 1\right)$ は（想定）元本 1 がフォワード満期 T_i から時点 $(T_i+\eth_{6M})$ まで運用された利息部分に相当します。また、$e^{-\int_t^T b_u^{6M} du}$ は 6 カ月 LIBOR と OIS とのスプレッドによるディスカウントになりますので、$P_{t,T}^{6M} = P_{t,T}^{O} \cdot e^{-\int_t^T b_u^{6M} du}$ はマルチカーブにおける 6 カ月 LIBOR に基づくディスカウント・ファクターを表すことになります。

このように、マルチカーブにおける変動金利の合計が、フォワード LIBOR の計算の繰り返しから最初の金利決定時に想定元本を受け取り、満期に想定元本を支払うかたちとは等しくならないことから、スワップレートがシングルカーブのときのように表せないことがわかります。

〈マルチカーブ〉

$$S_{t,T_1}^{T_{m+1}} = \frac{\sum_{i=1}^m L_{t,T_i}^{6M} \cdot \eth_{6M} \cdot P_{t,T_{i+1}}^{O}}{\sum_{i=1}^m \eth_{6M} \cdot P_{t,T_{i+1}}^{O}} = \frac{\sum_{i=1}^m P_{t,T_{i+1}}^{O} \cdot \left(\frac{P_{t,T_i}^{6M}}{P_{t,T_i+\eth_{6M}}^{6M}} - 1\right)}{\sum_{i=1}^m \eth_{6M} \cdot P_{t,T_{i+1}}^{O}} \qquad \cdots\cdots (2.6)$$

〈シングルカーブ〉

$$S_{t,T_1}^{T_{m+1}} = \frac{\sum_{i=1}^{m} L_{t,T_i}^{6M} \cdot \delta_{6M} \cdot P_{t,T_{i+1}}}{\sum_{i=1}^{m} \delta_{6M} \cdot P_{t,T_{i+1}}} = \frac{P_{t,T_1} - P_{t,T_{m+1}}}{\sum_{i=1}^{m} \delta_{6M} \cdot P_{t,T_{i+1}}}$$

また、3カ月LIBORの2回の複利と6カ月LIBORの単利は前節でも述べたように、OISカーブからの3カ月スプレッド（b_u^{3M}：連続複利ベースの3カ月LIBORとOISとのスプレッド）が6カ月スプレッド（b_u^{6M}）と等しくならない限り、一致しません（式（2.4）と式（2.5）から求めた式（2.7）参照）。すなわち、3カ月LIBORと6カ月LIBORを交換するテナーベーシススワップのテナーベーシススプレッドがゼロでないということは、OISカーブからの3カ月スプレッドが6カ月スプレッドとは等しくないことを意味しています。

$$(1 + \delta_{3M} \cdot L_{t,T_i}^{3M}) \cdot (1 + \delta_{3M} \cdot L_{t,T_i+\delta_{3M}}^{3M}) = \frac{P_{t,T_i}^{3M}}{P_{t,T_i+\delta_{3M}}^{3M}} \frac{P_{t,T_i+\delta_{3M}}^{3M}}{P_{t,T_i+\delta_{6M}}^{3M}}$$

$$= \frac{P_{t,T_i}^{O} \cdot e^{-\int_t^{T_i} b_u^{3M} du}}{P_{t,T_i+\delta_{3M}}^{O} \cdot e^{-\int_t^{T_i+\delta_{3M}} b_u^{3M} du}} \frac{P_{t,T_i+\delta_{3M}}^{O} \cdot e^{-\int_t^{T_i+\delta_{3M}} b_u^{3M} du}}{P_{t,T_i+\delta_{6M}}^{O} \cdot e^{-\int_t^{T_i+\delta_{6M}} b_u^{3M} du}}$$

$$= \frac{P_{t,T_i}^{O} \cdot e^{-\int_t^{T_i} b_u^{3M} du}}{P_{t,T_i+\delta_{6M}}^{O} \cdot e^{-\int_t^{T_i+\delta_{6M}} b_u^{3M} du}} \neq \frac{P_{t,T_i}^{O} \cdot e^{-\int_t^{T_i} b_u^{6M} du}}{P_{t,T_i+\delta_{6M}}^{O} \cdot e^{-\int_t^{T_i+\delta_{6M}} b_u^{6M} du}}$$

$$= \frac{P_{t,T_i}^{6M}}{P_{t,T_i+\delta_{6M}}^{6M}} = (1 + \delta_{6M} \cdot L_{t,T_i}^{6M}) \qquad \cdots\cdots\cdots(2.7)$$

なお、FRAは、マルチカーブのもとでディスカウント・ファクターが変わり、フォワードLIBORも変わるものの、OISカーブからのスプレッド（b_u）が確定的なものである限り、式（2.5）から求められる次の式（2.8）のようにフォワードLIBORとみなせることがわかります。

$$0 = B_t^O \cdot E\left[\frac{1}{B_{T_i}^O} \frac{\delta_i \times (L_{T_i,T_i} - FRA_t)}{1 + \delta_i \times L_{T_i,T_i}} \bigg| \varphi_t\right]$$

$$= B_t^O \cdot E\left[\frac{1}{B_{T_i}^O}\left(1 - \frac{1+\delta_i \times FRA_t}{1+\delta_i \times L_{T_i,T_i}}\right)\bigg|\varphi_t\right]$$

$$= E\left[\frac{B_t^O}{B_{T_i}^O}\left(1 - P_{T_i,T_i+\delta_i}^O \cdot e^{-\int_{T_i}^{T_i+\delta_i} b_u du} \cdot (1+\delta_i \times FRA_t)\right)\bigg|\varphi_t\right]$$

$$= P_{t,T_i}^O - P_{t,T_i+\delta_i}^O \cdot e^{-\int_{T_i}^{T_i+\delta_i} b_u du} \cdot (1+\delta_i \times FRA_t)$$

$$\Rightarrow FRA_t = \frac{1}{\delta_i}\left(\frac{P_{t,T_i}^O \cdot e^{-\int_t^{T_i} b_u du}}{P_{t,T_i+\delta_i}^O \cdot e^{-\int_t^{T_i+\delta_i} b_u du}} - 1\right)$$

$$= \frac{1}{\delta_i}\left(\frac{P_{t,T_i}^L}{P_{t,T_i+\delta_i}^L} - 1\right) = L_{t,T_i} \quad \cdots\cdots(2.8)$$

ここで、$P_{t,T}^L (= P_{t,T}^O \cdot e^{-\int_t^T b_u du})$ はマルチカーブにおけるLIBORに基づくディスカウント・ファクターです。

短期金利先物のほうは、マルチカーブのもとでもLIBORの期待値と等価であることは変わりません。マルチカーブのもとでのキャップ／フロアーや金利スワップションは、原資産とみなすフォワードLIBORやフォワード・スワップレートがここまでみてきたとおりに変わり、ディスカウント・ファクターも変わるものの、プライシングにおいてはそれさえ注意すればよいといえます。

第3章

ハル・ホワイト・モデル

　ハル・ホワイト・モデルは、トロント大学のジョン・ハル教授（Prof. John Hull）とアラン・ホワイト教授（Prof. Alan White）が提唱する金利期間構造モデルの1つです。本章では、金利のモデルとしてよく知られている1ファクター（確率項が1つ）のハル・ホワイト・モデルについて、（少し細かい話にはなりますが）その理論的な性質を詳しくみていきます。

1 ショートレート・モデル

　ハル・ホワイト・モデルでは、短期金利が長期金利に収束していくという次のような金利の確率過程を構築しました。

$$dr_t = (\theta(t) - ar_t)dt + \sigma dW_t \qquad \cdots\cdots(3.1)$$

　r_t は、ショートレート（Short rate）を表します。ショートレートとは、イールドカーブの起点となる連続複利の短期金利を指します。第1章では、現在価値の計算に用いられるマネー・マーケット・アカウントの運用金利として使われていました。イールドカーブ全体の将来の経路とマネー・マーケット・アカウントの両方を表現するのに、金利計算期間に依存しないショートレートという短期金利を想定すると都合がいいからです。ここで、$\theta(t)$ は確定的な時間の関数で、現時点のイールドカーブに整合するように定められます。

$$\theta(t) = a \cdot f_{0,t} + \frac{\partial f_{0,t}}{\partial t} + V(t) \qquad \cdots\cdots(3.2)$$

（この式の導出については、巻末の付録Aを参照してください）。

　ここで、$f_{0,t}$ は時点 0 （現時点）におけるフォワード満期 t の微小期間フォワードレート（ショートレートのフォワードレート）で、ここではフォワード・ショートレートと呼ぶことにします（なお、$f_{t,t} = r_t$）。また、$\frac{\partial f_{0,t}}{\partial t}$ はフォワード・ショートレートの t に関する偏導関数で現時点のカーブの傾きを表しています。$V(t)$ はショートレートの分散です（巻末の付録B参照）。

$$V(t) = Var[r_t | \varphi_0] = \frac{\sigma^2}{2a}(1 - e^{-2at})$$

　式（3.1）は次のように変形することができます。

図表3.1 ハル・ホワイト・モデルにおけるショートレートの平均回帰性

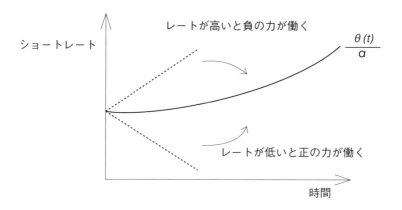

$$dr_t = a\left(\frac{\theta(t)}{a} - r_t\right)dt + \sigma dW_t \qquad \cdots\cdots(3.3)$$

この式(3.3)から、ショートレート r_t が $\frac{\theta(t)}{a}$ へ回帰していることを知ることができます。つまり、r_t が $\frac{\theta(t)}{a}$ より高いレートになりますと傾きが負になり r_t が低くなる方向へ向かいます。反対に、r_t が $\frac{\theta(t)}{a}$ より低いレートになりますと傾きが正になり、今度は r_t が高くなる方向へ向かうようになります。このように、常に中心線 $\frac{\theta(t)}{a}$ に向かおうとする力が働いているのです。

このとき a はショートレートを $\frac{\theta(t)}{a}$ へ引っ張る強さ（回帰する速さ）を表していて**平均回帰レート**（Mean reversion rate）と呼びます（図表3.1参照）。一方 σ は、ショートレートのボラティリティの水準を表しています。

$\theta(t) = 0$ のとき、式(3.1)は $dr_t = -ar_t dt + \sigma dW_t$ となりますが、この確率微分方程式で表す過程は**OU（Ornstein-Uhlenbeck）過程**と呼ばれ、標準ブラウン運動を応用した平均回帰過程として知られています。

第3章 ハル・ホワイト・モデル 53

2 シングルカーブのもとでのLIBOR

ハル・ホワイト・モデルでは、実は、割引債の価格過程が次の確率微分方程式に従うというところからスタートします。

$$\frac{dP_{t,T}}{P_{t,T}} = r_t dt + v(t,T) dW_t \qquad \cdots\cdots\cdots (3.4)$$

ここで、$v(t,T)$ は割引債価格 $P_{t,T}$ のボラティリティを表します。式 (3.4) は、ブラック・ショールズ・モデルの式 (1.4) に非常に似ていますが、ドリフト r_t が確率変数、ボラティリティが時間と満期の関数になっている点が異なります。割引債価格は満期に必ず1になることから、ボラティリティは満期に近づくに従って小さくなり、満期にはゼロになる必要があります。また、割引債価格が変動しているということは、同時に短期金利も変動しているはずです。これらのことを式 (3.4) は表現しようとしているのです。

ハル・ホワイト・モデルでは、割引債価格の式 (3.4) からショートレートの式 (3.1) を導いています。このとき、式 (3.4) の $v(t,T)$ は以下のように設定されます。

$$v(t,T) = \frac{\sigma}{a}(1 - e^{-a(T-t)}) \qquad \cdots\cdots\cdots (3.5)$$

この式 (3.5) からハル・ホワイト・モデルが割引債価格のボラティリティの構造を図表3.2のような形状と仮定していることがわかります。同時に私たちは a と σ がボラティリティのパラメータであることに気づきます。

次に、前章で出てきたフォワードLIBORの過程をシングルカーブのもとでみてみましょう。フォワードLIBORはシングルカーブのもとで割引債価格を使って次のように表せました。

$$L_{t,T_i} = \frac{P_{t,T_i} - P_{t,T_i+\delta_i}}{\delta_i \cdot P_{t,T_i+\delta_i}} = \frac{1}{\delta_i}\left(\frac{P_{t,T_i}}{P_{t,T_{i+1}}} - 1\right) \qquad \cdots\cdots\cdots (3.6)$$

図表3．2　ハル・ホワイト・モデルにおける割引債価格のボラティリティの構造

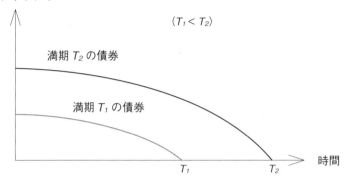

また、伊藤の公式について、第1章は確率変数が1つでしたが、2変数への拡張で次の式が成り立ちます。

$$d\left(\frac{X_t}{Y_t}\right) = \frac{dX_t}{Y_t} - \frac{X_t dY_t}{Y_t^2} + \frac{X_t dY_t^2}{Y_t^3} - \frac{dX_t dY_t}{Y_t}$$

この公式を使って、$\frac{X_t}{Y_t} = \frac{P_{t,T_i}}{P_{t,T_{i+1}}}$ と当てはめることにより、(少しめんどうな計算になりますが) 式 (3.4)、(3.6) からハル・ホワイト・モデルでのフォワードLIBORの過程を導くことができます。

$$\frac{dL_{t,T_i}}{L_{t,T_i}} = \left(\frac{1 + \delta_i L_{t,T_i}}{\delta_i L_{t,T_i}}\right)\{v(t,T_i+\delta_i)(v(t,T_i+\delta_i) - v(t,T_i))dt$$
$$+ (v(t,T_i) - v(t,T_i+\delta_i))dW_t\} \quad \cdots\cdots (3.7)$$

ここで、上の式 (3.7) とブラック・ショールズ・モデルの式 (2.2) を比べると、ブラック・ショールズ・モデルでは、ボラティリティが一定であるのに対して、ハル・ホワイト・モデルでは、金利決定日 (T_i)、受払日 ($T_i + \delta_i$) およびフォワードLIBOR (L_{t,T_i}) の関数になっていることがわかりま

す。ハル・ホワイト・モデルでは、ボラティリティの期間構造がこのように表現されているのです。また、リスク・ニュートラルな世界で満期の原資産価格の期待値がフォワード価格に一致すると第1章で述べましたが、この結果はあくまで原資産が市場で直接取引されるだけでなく、マネー・マーケット・アカウントに対して独立と仮定したもので、第2章の金利期間構造モデルのところで触れたとおり、本質的に金利モデルには当てはまりません。そのため、リスク・ニュートラルな世界でフォワードLIBORはマルチンゲールではないことから、ドリフト項が式（3.7）のようにゼロにはならないのです。このように、リスク・ニュートラルな世界ではフォワードLIBORは満期におけるLIBORの期待値とは一致せず、さらにマネー・マーケット・アカウントとは独立ではないため、ブラック・ショールズ・モデルとは理論的な不整合によって値に乖離が生じます。これは、次のような商品の場合に影響が出てきます。

後決めLIBORスワップ（LIBOR in arrears swap）

　後決めLIBORスワップとは、LIBORの値を付利期間の始めに決定するプレーン・バニラ・スワップとは異なり、付利期間の最後（すなわち金利決定日＝利払日）にLIBORを決定するスワップです。そのため、今後の金利動向に関して、現在の市場の認識よりも金利上昇の速度が遅くなった場合は、プレーン・バニラ・スワップよりもこのスワップの固定金利払いが有効です。

　ここで、プレーン・バニラ・スワップと比較しながら考えてみましょう。参照するLIBORをともに6カ月LIBORとし、半年ごとの金利交換で固定金利払いとします。プレーン・バニラ・スワップは利払い日の半年前（正確には〔6カ月＋2営業日〕前）に決定するのに対し、後決めLIBORスワップは利払い日（正確には2営業日前）に金利を決定します。プレーン・バニラ・スワップの場合、半年前に6カ月間の金利を確定するものですから、6カ月間の貸付利息と同じになります。すなわち、前章でも述べたとおり、このLIBORを受け取ることの価値は、始めに元本を受け取り半年後に元本の

み返すのと同様になるため、金利決定時を満期とする割引債価格から利払い日を満期とする割引債価格を引いた値がLIBORキャッシュフローの現在価値になります。

　しかし、後決めLIBORスワップは、利払い日に6カ月LIBORの値を決定するため、同じように考えることができません。したがって、現在価値を求めるためには、利払い日の6カ月LIBORの条件付期待値を考えなければなりません。ブラック・ショールズ・モデルでは、フォワードLIBORの過程を式（2.2）のとおり、フォワード取引の価格過程と同様にドリフト項がゼロのものを使用しているため、利払い日のLIBORの期待値が現時点のフォワードLIBORに一致します。そのため、後決めLIBORスワップをブラック・ショールズ・モデルで単純にプライシングすると、先ほど述べた乖離がプライシングの誤差として表れてきてしまいます。

〈ブラック・ショールズ・モデル〉

$$E\left[\delta_i \cdot L_{T_i,T_i} \cdot \frac{B_t}{B_{T_i}} \middle| \varphi_t\right] = \delta_i \cdot E\left[L_{T_i,T_i} \middle| \varphi_t\right] \cdot E\left[\frac{B_t}{B_{T_i}} \middle| \varphi_t\right] = \delta_i \cdot L_{t,T_i} \cdot P_{t,T_i}$$

〈ハル・ホワイト・モデル〉

$$E\left[\delta_i \cdot L_{T_i,T_i} \cdot \frac{B_t}{B_{T_i}} \middle| \varphi_t\right] = E\left[\left(\frac{P_{T_i,T_i}}{P_{T_i,T_i+\delta_i}} - 1\right) \cdot \frac{B_t}{B_{T_i}} \middle| \varphi_t\right]$$

$$= \left(\frac{P_{t,T_i}}{P_{t,T_i+\delta_i}} e^{\int_t^{T_i}(v(u,T_i+\delta_i)-v(u,T_i))^2 du} - 1\right) \cdot P_{t,T_i}$$

$$\approx \delta_i \cdot L_{t,T_i} \cdot P_{t,T_i} + \delta_i \cdot \frac{1+\delta_i \cdot L_{t,T_i}}{\delta_i} \cdot \int_t^{T_i}(v(u,T_i+\delta_i)-v(u,T_i))^2 du \cdot P_{t,T_i}$$

$$\cdots\cdots(3.8)$$

　この式（3.8）の最後の行の第2項はタイミング調整とも呼ばれている後決めLIBORの**コンベキシティ調整**になります。このようなコンベキシティ調整は、後決めLIBORスワップに限らず、変動金利を（想定）元本の受払いに置き換えられないスワップ（付利期間と異なる長さの指標金利を参照しているスワップ）であれば起こります。これに対して、ハル・ホワイト・モ

デルでは、式 (3.4) から導かれた金利の過程を使用しているため、式 (3.8) のように正しく条件付期待値の計算を行っている限り、このような理論的な不整合は起こりません。たとえば、短期金利先物は第2章で述べたとおり、ブラック・ショールズ・モデルでは短期先物レートがフォワードLIBORに一致しますが、こちらもハル・ホワイト・モデルでは一致することなく計算されます。

〈ブラック・ショールズ・モデル〉

$$E\left[L_{T_i,T_i}\middle|\varphi_t\right]=L_{t,T_i}$$

〈ハル・ホワイト・モデル〉

$$E\left[L_{T_i,T_i}\middle|\varphi_t\right]=\frac{1}{\delta_i}\cdot E\left[\left(\frac{P_{T_i,T_i}}{P_{T_i,T_i+\delta_i}}-1\right)\middle|\varphi_t\right]=\frac{1}{\delta_i}\cdot\left(E\left[\frac{P_{T_i,T_i}}{P_{T_i,T_i+\delta_i}}\middle|\varphi_t\right]-1\right)$$
$$=\frac{1}{\delta_i}\cdot\left(\frac{P_{t,T_i}}{P_{t,T_i+\delta_i}}e^{\int_t^{T_i}v(u,T_i+\delta_i)\cdot(v(u,T_i+\delta_i)-v(u,T_i))du}-1\right)$$
$$\approx L_{t,T_i}+\frac{1}{\delta_i}\cdot\frac{P_{t,T_i}}{P_{t,T_i+\delta_i}}\cdot\int_t^{T_i}v(u,T_i+\delta_i)\cdot(v(u,T_i+\delta_i)-v(u,T_i))du$$

ここで、δ_i は短期金利先物のLIBORの付利期間。この短期先物レートとフォワードLIBORとの差異は、短期先物レートのコンベキシティ調整と呼ばれています。なお、ハル・ホワイト・モデルでは、次の連続複利フォワード・レート $F_{t,T_i,T_i+\delta_i}$ と連続複利レートの期待値から求められる連続複利先物レート $E[F_{T_i,T_i,T_i+\delta_i}|\varphi_t]$ との差異が、一般的に短期先物レートのためのコンベキシティ調整として使われています。

$$F_{t,T_i,T_i+\delta_i}=\frac{\ln P_{t,T_i}-\ln P_{t,T_i+\delta_i}}{(T_i+\delta_i)-T_i}$$

ここで、巻末の付録Aにある、この連続複利フォワード・レートの確率過程の式 (A.1) を第1章で紹介した確率積分に直して利用すれば、ハル・ホワイト・モデルを用いたコンベキシティ調整が求められます。

$$E[F_{T_i,T_i,T_i+\delta_i}|\varphi_t] = E\left[F_{t,T_i,T_i+\delta_i} + \int_t^{T_i} dF_{u,T_i,T_i+\delta_i}\bigg|\varphi_t\right]$$

$$= F_{t,T_i,T_i+\delta_i} + \frac{1}{2\delta_i}\int_t^{T_i}(v(u,T_i+\delta_i)^2 - v(u,T_i)^2)du$$

$$= F_{t,T_i,T_i+\delta_i} + \frac{B(T_i,T_i+\delta_i)}{\delta_i}(B(T_i,T_i+\delta_i)(1-e^{-2aT_i})$$

$$+ 2aB(t,T_i)^2)\frac{\sigma^2}{4a}$$

ここで、$B(t,T) = \frac{1}{a}(1-e^{-a(T-t)})$

ちなみに、巻末の付録Aにある式(A.4)から、リスク・ニュートラルな世界におけるショートレートの期待値もフォワード・ショートレートとは一致しないことがわかります(期待値がわずかに上にずれています)。

$$E[r_T|\varphi_t] = f_{t,T} + \frac{v(t,T)^2}{2}$$

3 マルチカーブのもとでの ハル・ホワイト・モデル

ハル・ホワイト・モデルによる金利デリバティブのプライシングのうち、いくつかの商品については、ブラック・ショールズ・モデルのように解析的に現在価値を求めることができます。ここからは、旧来のシングルカーブではなく、マルチカーブのもとでのプライシングについてみていくことにしましょう。

まずは、マルチカーブのもとでの計算において、OISカーブからのスプレッド(LIBOR－OISスプレッド)が確率的に変動せずに確定的であるものと仮定して話を進めていきます。これはマルチカーブのアプローチとしてよく使われる前提で、第2章で触れた連続複利ベースのスプレッド(b_u)を $b_t = \frac{\partial \ln P_{0,t}^L}{\partial t} + \frac{\partial \ln P_{0,t}^O}{\partial t}$ と仮定することにより、LIBORに基づくディスカウ

ント・ファクター $P_{t,T}^L = P_{t,T}^O \cdot e^{-\int_t^T b_u du}$ は次のように時点ゼロにおけるOISレートに基づくディスカウント・ファクター（$P_{t,T}^O$）とLIBORに基づくディスカウント・ファクター（$P_{t,T}^L$）の比率というかたちで表せます。

$$P_{t,T}^L = P_{t,T}^O \cdot e^{-\int_t^T b_u du} = P_{t,T}^O \frac{P_{0,T}^L}{P_{0,t}^L} \frac{P_{0,t}^O}{P_{0,T}^O} \qquad \cdots\cdots\cdots (3.9)$$

(1) 割引債オプション

OISレートに基づく割引債の満期を T_β、コールオプションの満期を T_α（$T_\alpha < T_\beta$）、行使価格を K としますと、割引債価格のコールオプションの価値は、ハル・ホワイト・モデルでは次のように計算できます。

$$\begin{aligned}
Call_t(T_\alpha, K) &= B_t \cdot E\left[\frac{1}{B_{T_\alpha}} \cdot \max\{P_{T_\alpha,T_\beta}^O - K, 0\} \Big| \varphi_t\right] \\
&= B_t \cdot E\left[\frac{1}{B_{T_\alpha}} \cdot \max\{P_{T_\alpha,T_\beta}^O - K \cdot P_{T_\alpha,T_\alpha}^O, 0\} \Big| \varphi_t\right] \\
&= P_{t,T_\beta}^O \cdot N(d) - K \cdot P_{t,T_\alpha}^O \cdot N(d - \sigma_P) \\
d &= \frac{\ln \dfrac{P_{t,T_\beta}^O}{K \cdot P_{t,T_\alpha}^O} + \dfrac{\sigma_P^2}{2}}{\sigma_P}
\end{aligned}$$

同様にハル・ホワイト・モデルにおけるプットオプションの価値は、

$$\begin{aligned}
Put_t(T_\alpha, K) &= B_t \cdot E\left[\frac{1}{B_{T_\alpha}} \cdot \max\{K - P_{T_\alpha,T_\beta}^O, 0\} \Big| \varphi_t\right] \\
&= B_t \cdot E\left[\frac{1}{B_{T_\alpha}} \cdot \max\{-P_{T_\alpha,T_\beta}^O + K \cdot P_{T_\alpha,T_\alpha}^O, 0\} \Big| \varphi_t\right] \\
&= -P_{t,T_\beta}^O \cdot N(-d) + K \cdot P_{t,T_\alpha}^O \cdot N(-d + \sigma_P)
\end{aligned}$$

となります。このとき、割引債価格の式（3.4）を振り返ってみてみますと、どの満期の割引債価格も同じ標準ブラウン運動に従っているのに気づきます。これは、各期間の割引債価格の確率要素が同じであるため、相関が1

（$\rho=1$）であることを意味しています。したがって、上式のボラティリティに当たるσ_Pは、

$$\sigma_P = \sqrt{\int_t^{T_a}(v(u,T_\beta)^2 - 2\rho \cdot v(u,T_\beta) \cdot v(u,T_\alpha) + v(u,T_\alpha)^2)du}$$
$$= \sqrt{V(T_\alpha-t)} \cdot B(T_\alpha, T_\beta)$$
$$= \frac{\sigma}{a}\sqrt{\frac{1-e^{-2a(T_\alpha-t)}}{2a}} \cdot (1-e^{-a(T_\beta-T_\alpha)})$$

となります。

(2) キャップ／フロアー

LIBORを指標金利とするプレーンなキャップの場合は、キャップレートをK、金利決定日をT_i、受払日をT_{i+1}、付利期間をδ_iと置くと、マルチカーブのもとでフォワードLIBORは、式 (2.5) のとおり、

$$L_{t,T_i} = \frac{1}{\delta_i}\left(\frac{P^L_{t,T_i}}{P^L_{t,T_{i+1}}} - 1\right) = \frac{1}{\delta_i}\left(\frac{P^O_{t,T_i} \cdot e^{-\int_t^{T_i} b_u du}}{P^O_{t,T_{i+1}} \cdot e^{-\int_t^{T_{i+1}} b_u du}} - 1\right) \quad \cdots\cdots (3.10)$$

と表せていましたので、式 (3.9) を用いるとキャップレットの時点tにおける価値の計算が次のようになります。

$$Caplet_t(T_i, K) = B_t \cdot E\left[\frac{1}{B_{T_i}} \cdot P^O_{T_i,T_{i+1}} \cdot \delta_i \cdot \max\{L_{T_i,T_i} - K, 0\} \middle| \varphi_t\right]$$
$$= B_t \cdot E\left[\frac{1}{B_{T_i}} \cdot P^O_{T_i,T_{i+1}} \cdot \max\left\{\left(\frac{P^L_{T_i,T_i}}{P^L_{T_i,T_{i+1}}} - 1\right) - \delta_i \cdot K, 0\right\} \middle| \varphi_t\right]$$
$$= B_t \cdot E\left[\frac{1}{B_{T_i}} \cdot \max\left\{e^{\int_{T_i}^{T_{i+1}} b_u du} - (1+\delta_i \cdot K) \cdot P^O_{T_i,T_{i+1}}, 0\right\} \middle| \varphi_t\right]$$
$$= e^{\int_{T_i}^{T_{i+1}} b_u du} \cdot P^O_{t,T_i} \cdot N(-d_i + \sigma_{P_t}) - (1+\delta_i \cdot K) \cdot P^O_{t,T_{i+1}} \cdot N(-d_i)$$

$$= P^O_{t,T_{i+1}} \cdot \left\{ \frac{P^L_{t,T_i}}{P^L_{t,T_{i+1}}} \cdot N(-d_i + \sigma_{P_i}) - (1+\delta_i \cdot K) \cdot N(-d_i) \right\}$$

$$d_i = \frac{\ln \frac{(1+\delta_i \cdot K) \cdot P^L_{t,T_{i+1}}}{P^L_{t,T_i}} + \frac{\sigma^2_{P_i}}{2}}{\sigma_{P_i}}$$

$$\sigma_{P_i} = \sqrt{\int_t^{T_i} (v(u,T_{i+1}) - v(u,T_i))^2 du} = \frac{\sigma}{a} \sqrt{\frac{1-e^{-2a(T_i-t)}}{2a}} \cdot (1-e^{-a(T_{i+1}-T_i)})$$

そして、キャップの現在価値は、

$$Cap_t(T_1, T_{m+1}, K) = \sum_{i=1}^{m} \left[P^O_{t,T_{i+1}} \cdot \left\{ \frac{P^L_{t,T_i}}{P^L_{t,T_{i+1}}} \cdot N(-d_i + \sigma_{P_i}) \right. \right.$$
$$\left. \left. - (1+\delta_i \cdot K) \cdot N(-d_i) \right\} \right] \qquad \cdots\cdots\cdots (3.11)$$

というかたちで求めることができます（$t < T_1 < \cdots < T_{m+1}$）。

　この上式（3.11）とブラック・ショールズ・モデルのキャップおよびフロアーの解析解とを比較して気づくのは、ハル・ホワイト・モデルのキャップの式において権利行使される確率を表す標準正規分布の累積密度関数のところが、ブラック・ショールズ・モデルの（キャップではなく）フロアーの式に似ているということです。これは、ブラック・ショールズ・モデルでは、金利を原資産価格として計算しているのに対して、ハル・ホワイト・モデルは割引債価格を原資産価格として計算しているからです。割引債価格と金利の関係は、割引債がディスカウント・ファクターであることからもわかるとおり、価格が上昇すれば金利は下降し、価格が下降すれば金利は上昇します。このため、キャップは金利のコールオプションであると同時に割引債価格のプットオプション、フロアーは金利のプットオプションであると同時に割引債価格のコールオプションであるといえるのです。

　さてここで、キャップの式（3.11）からハル・ホワイト・モデルにおける

プレーンなフロアーの式を求めてみましょう。そのためにまず、キャップとフロアーの関係について考えます。

いま、想定元本、受払い日ならびにキャップレートとフロアーレートが等しい（キャップレート＝フロアーレート＝K）取引を想定します。このキャップを購入し、フロアーを売却すると1回の受払い額は次のようになります。

$$\max\{指標金利-K,0\} - \max\{K-指標金利,0\} = 指標金利 - K$$

上式は、Kを固定金利とした、固定金利支払い・変動金利受取りのプレーン・バニラ・スワップにおける1回の受払い額に一致します。すなわち、このキャップとフロアーからなるポートフォリオは、プレーン・バニラ・スワップと等しい経済効果を生み出すことを意味します。

同様に、キャップの売りとフロアーの買いを組み合わせると、固定金利受取り・変動金利支払いのスワップになります。満期時に同じ価値をもたらすポジション（投資戦略）同士はその現在価値（現時点での投資額）も同じでなければ裁定機会が生じてしまいます。そのため、現在価値も同様の等式が

図表3.3　キャップの買いとフロアーの売りの受払い日の損益

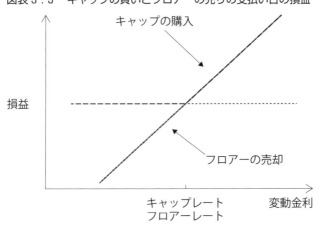

成り立ちます。このようなキャップとフロアーの現在価値の関係を**プット・コール・パリティ**（Put-Call parity）と呼びます。

そこで、指標金利をLIBORとしますと、先ほどのLIBORの式（3.10）から、固定金利K、金利決定日T_i、受払い日T_{i+1}、付利期間δ_iに対し、固定金利支払い・変動金利受取りのスワップにおける1回のキャッシュフローの価値が次のように表せることがわかります（デリバティブの現在価値を考える都合上、受取金額を正、支払金額を負で表現）。

$$Swap\ Cashflow_t(T_i,K) = P^O_{t,T_{i+1}} \cdot \delta_i \cdot (L_{t,T_i} - K)$$
$$= P^O_{t,T_{i+1}} \cdot \left\{ \frac{P^L_{t,T_i}}{P^L_{t,T_{i+1}}} - (1+\delta_i \cdot K) \right\}$$

したがって、プット・コール・パリティと正規分布の性質（$N(-d) = 1 - N(d)$）から、フロアーレットおよびフロアーの式は次のように求められます。

$$Floorlet_t(T_i,K) = Caplet_t(T_i,K) - Swap\ Cashflow_t(T_i,K)$$
$$= P^O_{t,T_{i+1}} \cdot \left\{ -\frac{P^L_{t,T_i}}{P^L_{t,T_{i+1}}} \cdot N(d_i - \sigma_{P_i}) + (1+\delta_i \cdot K) \cdot N(d_i) \right\}$$
$$Floor_t(T_1,T_{m+1},K) = \sum_{i=1}^{m} \left[P^O_{t,T_{i+1}} \cdot \left\{ -\frac{P^L_{t,T_i}}{P^L_{t,T_{i+1}}} \cdot N(d_i - \sigma_{P_i}) \right. \right.$$
$$\left. \left. + (1+\delta_i \cdot K) \cdot N(d_i) \right\} \right]$$

（3） ヨーロピアン・スワップション

次に、プレーン・バニラ・スワップに対するヨーロピアン・スワップションについてみてみましょう。ペイヤースワップションの場合、固定金利をK、権利行使日をT_0（$t < T_0 \leq T_1 < \cdots\cdots < T_{m+1}$）と置きますと、マルチカーブのもとでスワップレートが式（2.6）のとおり、

$$S_{t,T_1}^{T_{m+1}} = \frac{\sum_{i=1}^{m} L_{t,T_i} \cdot \delta_i \cdot P_{t,T_{i+1}}^{O}}{\sum_{i=1}^{m} \delta_i \cdot P_{t,T_{i+1}}^{O}} = \frac{\sum_{i=1}^{m} P_{t,T_{i+1}}^{O} \cdot \left(\frac{P_{t,T_i}^{L}}{P_{t,T_{i+1}}^{L}} - 1 \right)}{\sum_{i=1}^{m} \delta_i \cdot P_{t,T_{i+1}}^{O}}$$

と表せていたことから、LIBORの計算とあわせて次のように展開できます。

$$\begin{aligned}
Payer_t(T_0, T_{m+1}, K) &= B_t \cdot E\left[\frac{1}{B_{T_0}} \cdot \max\{S_{T_0,T_1}^{T_{m+1}} - K, 0\} \sum_{i=1}^{m} \delta_i \cdot P_{T_0,T_{i+1}}^{O} \,\Big|\, \varphi_t \right] \\
&= B_t \cdot E\left[\frac{1}{B_{T_0}} \cdot \max\left\{ \sum_{i=1}^{m} P_{T_0,T_{i+1}}^{O} \cdot \left(\frac{P_{T_0,T_i}^{L}}{P_{T_0,T_{i+1}}^{L}} - 1 \right) \right.\right. \\
&\quad \left.\left. - K \cdot \sum_{i=1}^{m} \delta_i \cdot P_{T_0,T_{i+1}}^{O}, 0 \right\} \,\Big|\, \varphi_t \right] \\
&= B_t \cdot E\left[\frac{1}{B_{T_0}} \cdot \max\left\{ P_{T_0,T_1}^{O} \cdot e^{\int_{T_1}^{T_2} b_u du} \right.\right. \\
&\quad \left.\left. - \sum_{i=1}^{m} c_i \cdot P_{T_0,T_{i+1}}^{O}, 0 \right\} \,\Big|\, \varphi_t \right]
\end{aligned}$$

$$\cdots\cdots\cdots(3.12)$$

ここで、$c_i = \begin{cases} 1 - e^{\int_{T_{i+1}}^{T_{i+2}} b_u du} + \delta_i \cdot K = 1 - \frac{P_{t,T_{i+1}}^{L}}{P_{t,T_{i+2}}^{L}} \frac{P_{t,T_{i+2}}^{O}}{P_{t,T_{i+1}}^{O}} + \delta_i \cdot K & 1 \leq i \leq m-1 \\ 1 + \delta_i \cdot K & i = m \end{cases}$

スワップションは(キャップ／フロアーとは異なり)、このように複数のキャッシュフローをもつポートフォリオのオプションであるため、これ以上の計算の展開が無理なようにもみえます。ところが、ハル・ホワイト・モデルではこのヨーロピアン・スワップションも解析的に求めることができます。

まず、ハル・ホワイト・モデルでは、割引債価格とショートレートの間に次のような関係があることがわかっています。

$$P^O_{T_0,T_i} = \frac{P^O_{t,T_i}}{P^O_{t,T_0}} \exp(A(T_0,T_i) - (r^O_{t,T_0} - f^O_{t,T_0}) \cdot B(T_0,T_i))$$

$$A(T_0,T_i) = -\frac{1}{2}B(T_0,T_i)^2 \cdot V(T_0-t) = -\frac{1}{2}B(T_0,T_i)^2 \cdot \frac{\sigma^2}{2a}(1-e^{-2a(T_0-t)})$$

$$B(T_0,T_i) = \frac{1}{a}(1-e^{-a(T_i-T_0)})$$

(この式の導出方法については、巻末の付録Aを参照してください)

また、先ほどの式展開から、スワップションの権利行使日での価値は、c_i のキャッシュフローをもつ割引債価格の集まりで表現できることが確認できました。さらに、各々の期間の割引債価格はすべて相関が1となっていました。したがって、権利行使日でのOISレートに基づく各割引債価格に共通するショートレートに対して、権利行使の可否を判別する閾値となる行使判定用のトリガーを次のように設けることによって、式（3.12）の計算を解くことができるというわけです。

$$\begin{aligned}
& Payer_t(T_0, T_{m+1}, K) \\
&= B_t \cdot E\left[\frac{1}{B_{T_0}} \cdot \max\left\{P^O_{T_0,T_1} \cdot e^{\int_{T_1}^{T_2} b_u du} - \sum_{i=1}^{m} c_i \cdot P^O_{T_0,T_{i+1}}, 0\right\} \bigg| \varphi_t\right] \\
&= B_t \cdot E\left[\frac{P^O_{T_0,T_1}}{B_{T_0}} \cdot \max\left\{e^{\int_{T_1}^{T_2} b_u du} - \frac{1}{P^O_{T_0,T_1}}\sum_{i=1}^{m} c_i \cdot P^O_{T_0,T_{i+1}}, 0\right\} \bigg| \varphi_t\right] \\
&= B_t \cdot E\left[\frac{P^O_{T_0,T_1}}{B_{T_0}} \cdot \max\left\{\sum_{i=1}^{m} c_i \cdot \frac{P^*_{T_0,T_{i+1}}}{P^*_{T_0,T_1}} - \sum_{i=1}^{m} c_i \cdot \frac{P^O_{T_0,T_{i+1}}}{P^O_{T_0,T_1}}, 0\right\} \bigg| \varphi_t\right] \\
&= B_t \cdot \sum_{i=1}^{m} c_i \cdot E\left[\frac{1}{B_{T_0}} \cdot \max\left\{P^O_{T_0,T_1} \cdot \frac{P^*_{T_0,T_{i+1}}}{P^*_{T_0,T_1}} - P^O_{T_0,T_{i+1}}, 0\right\} \bigg| \varphi_t\right] \\
&= \sum_{i=1}^{m} c_i \cdot \left[P^O_{t,T_1} \cdot \frac{P^*_{T_0,T_{i+1}}}{P^*_{T_0,T_1}} \cdot N(-\tilde{d}_i + \tilde{\sigma}_{P_i}) - P^O_{t,T_{i+1}} \cdot N(-\tilde{d}_i)\right]
\end{aligned}$$

$$\tilde{d}_i = \frac{\ln \frac{P^O_{t,T_{i+1}} \cdot P^*_{T_0,T_1}}{P^O_{t,T_1} \cdot P^*_{T_0,T_{i+1}}} + \frac{\tilde{\sigma}_{P_i}}{2}}{\tilde{\sigma}_{P_i}}$$

$$\tilde{\sigma}_{P_i} = \sqrt{\int_t^{T_0} (v(u,T_{i+1}) - v(u,T_i))^2 du}$$

$$= \frac{\sigma}{a}\sqrt{\frac{1-e^{-2a(T_0-t)}}{2a}} \cdot (e^{-a(T_1-T_0)} - e^{-a(T_{i+1}-T_0)})$$

$$P^*_{T_0,T_{i+1}} = \frac{P^O_{t,T_{i+1}}}{P^O_{t,T_0}} \exp(A(T_0,T_{i+1}) - (r_X - f^O_{t,T_0}) \cdot B(T_0,T_{i+1}))$$

$$P^*_{T_0,T_1} = \frac{P^O_{t,T_1}}{P^O_{t,T_0}} \exp(A(T_0,T_1) - (r_X - f^O_{t,T_0}) \cdot B(T_0,T_1))$$

ここで、r_XはOISレートに基づくショートレートのトリガーとなる数字、$P^*_{T_0,T_{i+1}}$と$P^*_{T_0,T_1}$は次の式を満たすOISレートに基づく割引債の権利行使日T_0での価値です。

$$\sum_{i=1}^m c_i \cdot P^*_{T_0,T_{i+1}} = P^*_{T_0,T_1} \cdot e^{\int_{T_1}^{T_2} b_u du} = P^*_{T_0,T_1} \cdot \frac{P^L_{t,T_1}}{P^L_{t,T_2}} \frac{P^O_{t,T_2}}{P^O_{t,T_1}} \qquad \cdots\cdots(3.13)$$

上の式（3.13）は、行使判定用のトリガーr_Xを求めるためにスワップションの権利行使日における価値が権利行使の閾値であるゼロとなるように用意した式であることが、式（3.12）からわかります。このr_Xの値は式（3.13）を満たすように反復計算で探索する必要があるのですが、EXCELではゴールシークやソルバーといった値の探索機能があるので、比較的容易にr_Xの最適値を求めることができます（ゴールシークは、EXCELの「ツール」メニューの「ゴールシーク」をクリックし、表示されたダイアログボックスに入力して、OKボタンを押すことで実行できます。ソルバーも同様に、「ツール」メニューの「ソルバー」をクリックして開いたパラメータ設定ダイアログボックスに入力し、実行ボタンを押せば実行できますが、アドインされて

いない場合は「ツール」メニューに表示されません。ただし、EXCEL 2007以降のバージョンでは「データ」タブのWhat-If分析のなかに「ゴールシーク」があり、「ソルバー」はEXCELアドインに設定すれば「データ」タブのところに表示されます)。

　このヨーロピアン・ペイヤースワップションの式が先ほどのキャップの式に似ているのは実はあまり驚くことではありません。これは、各々の割引債価格の相関が1である、すなわち1つが上昇するときはすべて上昇し、1つが下降するときはすべてが下降することから、ポートフォリオのオプションのトリガーにあうように、個々の行使条件を調整することにより、個別オプションのポートフォリオで複製できるからです。

　レシーバースワップションは、フロアーのときと同様にプット・コール・パリティを使うことで求めることができます。固定金利支払い・変動金利受取りのスワップの価値は、c_i のキャッシュフローをもつ割引債価格を使って、

$$Swap_t(T_0,T_{m+1},K) = P_{t,T_1}^O \cdot e^{\int_{T_1}^{T_2} b_u du} - \sum_{i=1}^{m} c_i \cdot P_{t,T_{i+1}}^O$$

$$= P_{t,T_2}^O \cdot \frac{P_{t,T_1}^L}{P_{t,T_2}^L} - \sum_{i=1}^{m} c_i \cdot P_{t,T_{i+1}}^O$$

と表せます。このとき、固定金利支払い・変動金利受取りのスワップは、ペイヤースワップションを購入し、同時に同じ条件のレシーバースワップションを売却するのと等しい経済効果をもちます(オプション満期でのスワップレートの水準にかかわらず、固定金利支払い・変動金利受取りのスワップが発生)。したがって、ヨーロピアン・レシーバースワップションの現在価値はフロアーと同じように計算できます。

$$Receiver_t(T_0,T_{m+1},K)$$
$$= Payer_t(T_0,T_{m+1},K) - Swap_t(T_0,T_{m+1},K)$$

$$= \sum_{i=1}^{m} c_i \cdot \left[P_{t,T_1}^{O} \cdot \frac{P_{T_0,T_{i+1}}^{*}}{P_{T_0,T_1}^{*}} \cdot N(-\tilde{d}_i + \tilde{\sigma}_{P_i}) - P_{t,T_{i+1}}^{O} \cdot N(-\tilde{d}_i) \right]$$

$$- P_{t,T_2}^{O} \cdot \frac{P_{t,T_1}^{L}}{P_{t,T_2}^{L}} + \sum_{i=1}^{m} c_i \cdot P_{t,T_{i+1}}^{O}$$

$$= \sum_{i=1}^{m} c_i \cdot \left[-P_{t,T_1}^{O} \cdot \frac{P_{T_0,T_{i+1}}^{*}}{P_{T_0,T_1}^{*}} \cdot N(\tilde{d}_i - \tilde{\sigma}_{P_i}) + P_{t,T_{i+1}}^{O} \cdot N(\tilde{d}_i) \right]$$

一方、r_X の最適値を求める反復計算を避けるために、あくまで近似計算ではありますが、c_i のキャッシュフローをもつ割引債価格の合計 $\left(\sum_{i=1}^{m} c_i \cdot P_{t,T_{i+1}}^{O} \right)$ を（利息受取りが T_2 から T_{m+1} まである）利付債価格（$P_{t,T_2,T_{m+1}}^{C}$）とみなせるので、その利付債価格と瞬間ボラティリティが等しくなるような満期（D）を調整した割引債価格を使用して、次のように割引債オプションの計算でヨーロピアン・スワップションを近似することができます。

$Payer_t(T_0, T_{m+1}, K)$

$$= B_t \cdot E\left[\frac{1}{B_{T_0}} \cdot \max\left\{ P_{T_0,T_1}^{O} \cdot e^{\int_{T_1}^{T_2} b_u du} - \sum_{i=1}^{m} c_i \cdot P_{T_0,T_{i+1}}^{O}, 0 \right\} \,\middle|\, \varphi_t \right]$$

$$= B_t \cdot E\left[\frac{1}{B_{T_0}} \cdot \max\left\{ P_{T_0,T_1}^{O} \cdot e^{\int_{T_1}^{T_2} b_u du} - P_{T_0,T_2,T_{m+1}}^{C}, 0 \right\} \,\middle|\, \varphi_t \right]$$

$$\approx B_t \cdot E\left[\frac{1}{B_{T_0}} \cdot \max\left\{ P_{T_0,T_1}^{O} \cdot e^{\int_{T_1}^{T_2} b_u du} - \frac{P_{t,T_2,T_{m+1}}^{C}}{P_{t,D}^{O}} \cdot P_{T_0,D}^{O}, 0 \right\} \,\middle|\, \varphi_t \right]$$

$$= P_{t,T_1}^{O} \cdot e^{\int_{T_1}^{T_2} b_u du} \cdot N(-\hat{d} + \hat{\sigma}_P) - P_{t,T_2,T_{m+1}}^{C} \cdot N(-\hat{d})$$

$$= P_{t,T_2}^{O} \cdot \frac{P_{t,T_1}^{L}}{P_{t,T_2}^{L}} \cdot N(-\hat{d} + \hat{\sigma}_P) - P_{t,T_2,T_{m+1}}^{C} \cdot N(-\hat{d})$$

$$Receiver_t(T_0, T_{m+1}, K) \approx -P_{t,T_2}^{O} \cdot \frac{P_{t,T_1}^{L}}{P_{t,T_2}^{L}} \cdot N(\hat{d} - \hat{\sigma}_P) + P_{t,T_2,T_{m+1}}^{C} \cdot N(\hat{d})$$

$$\hat{d} = \frac{\ln \dfrac{P^C_{t,T_2,T_{m+1}} \cdot P^L_{t,T_2}}{P^O_{t,T_2} \cdot P^L_{t,T_1}} + \dfrac{\hat{\sigma}^2_P}{2}}{\hat{\sigma}_P}$$

$$\sigma_{P_i} = \sqrt{\int_t^{T_0} (v(u,D) - v(u,T_i))^2 du} = \frac{\sigma}{a}\sqrt{\frac{1-e^{-2a(T_0-t)}}{2a}} \cdot (e^{-a(T_1-T_0)} - e^{-a(D-T_0)})$$

$$P^C_{t,T_2,T_{m+1}} = \sum_{i=1}^{m} c_i \cdot P^O_{t,T_{i+1}}$$

ここで、満期(D)は反復計算で探索することなく、次の計算式で求められます。

$$v(t,T_1) - v(t,D) = \frac{1}{P^C_{t,T_2,T_{m+1}}} \sum_{i=1}^{m} c_i \cdot P^O_{t,T_{i+1}} \cdot (v(t,T_1) - v(t,T_{i+1}))$$

$$\Rightarrow D = t - \frac{1}{a} \ln\left(1 - a \cdot \left\{B(t,T_1) - \frac{1}{P^C_{t,T_2,T_{m+1}}} \sum_{i=1}^{m} c_i \cdot P^O_{t,T_{i+1}} \cdot (B(t,T_1) - B(t,T_{i+1}))\right\}\right)$$

$$B(t,T) = \frac{1}{a}(1 - e^{-a(T-t)})$$

4　パラメータの推定

　ボラティリティのパラメータであるaとσは、キャップ／フロアーとヨーロピアン・スワップションの解析解を用いることで容易に決定することができます。金融市場では、プレーンなキャップ／フロアーとヨーロピアン・スワップションの公示レートとして、ブローカー等からブラック・ショールズ・モデル、またはマイナス金利に対応したバシュリエ・モデルやシフテッド・ブラック・ショールズ・モデルのボラティリティの値が提示されています。この値と第2章で示した各モデルの計算式を用いて価格を求めることができます（ただし、現在価値を計算するためのディスカウントにはOISカー

ブを使用することを忘れずに)。この価格から、aとσを推定すればよいのです。

　具体的には、まず、プライシングの対象商品が、キャップ／フロアー、スワップションのどちらに近いかを判断しなければなりません。それは、市場で観測できるプレーンなキャップ／フロアーとヨーロピアン・スワップションの値は必ずしも整合的ではないために、各期間のキャップ／フロアーとスワップションの両方同時にあうようにパラメータを決めるのが比較的むずかしいからです。そのため、どちらにあわせるかを決めるのが無難といえます。

　次に、キャップ／フロアー、スワップションのいずれか決めたほうの各期間の公示ボラティリティから、オプションの市場価格をbp(basis point：％の100分の1)単位で求めます。そして、EXCELにあるソルバー等の値の探索ツールを使ってaとσの最適値を求めます。そのときの目的関数(目的セルでの計算式)に、前節で示したハル・ホワイト・モデルによる計算式を用いるのです。市場価格の数をN、ブラック・ショールズ・モデル等を使って求められる各期間の市場価格をPV_i^{MRT}、ハル・ホワイト・モデルによる計算式(変数はaとσ)を$PV_i^{HW}(a,\sigma)$とすると、よく使われる目的関数は、

$$\frac{1}{N}\sum_{i=1}^{N}(PV_i^{HW}(a,\sigma)-PV_i^{MRT})^2$$

と表せます。これを設定したうえで、最小値を目標値とした推定計算を実行します。このとき、この推定の計算は、下記の2つの方程式を同時に数値計算していることと実質的に同じになります。

$$\sum_{i=1}^{N}(PV_i^{HW}(a,\sigma)-PV_i^{MRT})\frac{\partial PV_i^{HW}}{\partial a}=0$$

$$\sum_{i=1}^{N}(PV_i^{HW}(a,\sigma)-PV_i^{MRT})\frac{\partial PV_i^{HW}}{\partial \sigma}=0$$

つまり、パラメータで微分した値がゼロとなるところ（2次関数の底）を求める計算が、価格の絶対額の差で加重した計算になりますので、価格が相対的に大きいもの（期間が長いもの）ほど、推定に関する影響度が大きくなります。それに対して、価格が小さいもの（期間が短いもの）にも配慮した推定を行いたい場合の目的関数としては、次の2つがあげられます。

① $\dfrac{1}{N}\displaystyle\sum_{i=1}^{N}\dfrac{(PV_i^{HW}(a,\sigma)-PV_i^{MRT})^2}{PV_i^{MRT}}$

② $\dfrac{1}{N}\displaystyle\sum_{i=1}^{N}\dfrac{(PV_i^{HW}(a,\sigma)-PV_i^{MRT})^2}{PV_i^{HW}(a,\sigma)}$

この2つは見た目がほとんど同じですが、実質的な計算では、①は、

$$\sum_{i=1}^{N}\dfrac{PV_i^{HW}(a,\sigma)-PV_i^{MRT}}{PV_i^{MRT}}\dfrac{\partial PV_i^{HW}}{\partial a}=0$$

$$\sum_{i=1}^{N}\dfrac{PV_i^{HW}(a,\sigma)-PV_i^{MRT}}{PV_i^{MRT}}\dfrac{\partial PV_i^{HW}}{\partial \sigma}=0$$

となり、②が、

$$\sum_{i=1}^{N}\dfrac{(PV_i^{HW}(a,\sigma))^2-(PV_i^{MRT})^2}{(PV_i^{HW}(a,\sigma))^2}\dfrac{\partial PV_i^{HW}}{\partial a}=0$$

$$\sum_{i=1}^{N}\dfrac{(PV_i^{HW}(a,\sigma))^2-(PV_i^{MRT})^2}{(PV_i^{HW}(a,\sigma))^2}\dfrac{\partial PV_i^{HW}}{\partial \sigma}=0$$

となるので、多少異なりますが、結果的には見た目どおりあまり変わりません。

ハル・ホワイト・モデルのプライシングでは、パラメータ推定でも用いるプレーンなキャップ／フロアーやヨーロピアン・スワップション以外にも解析的に求めることができる金利デリバティブはありますが、解析的に導くことができない商品は、ツリー（樹形）を使った手法（ツリー・アプローチ）

でプライシングすることができます。ハル・ホワイト・モデルのいちばんの特徴は、このツリー・アプローチのロジックが比較的平易である点です。

　次章からは、このツリーを使ったハル・ホワイト・モデルのプライシングについて説明していきます。

第4章

ツリーの構築

　ツリー・アプローチのツリーとは、ある時点における状態が、次の瞬間にどのくらいの確率でどの状態に変化していくかということを、ノード（節点：位置を表す）と、その間の確率（推移確率）で離散的に表現したものです。その形状が幹から次第に枝分かれしていく"木"の姿に似ていることから、そう呼ばれています。

　本章から、確定的なLIBOR-OISスプレッドを前提としたマルチカーブのもとでの1ファクターのハル・ホワイト・モデルのツリー・アプローチについて、順を追ってみていきます。第1段階として、ツリーの構築から始めることにします。

1 ツリーの構築の基礎

ツリーの構築は、まず各ノード間の推移確率を求めるところから始めます。ハル・ホワイト・モデルでは、1つのノードから2本に枝分かれしたツリー（**二分木：Binomial Tree**）ではなく、3本に枝分かれしたツリー（**三分木：Trinomial Tree**）を用います。これは、図表4．1のようにノード（図表4．1の●）とノードとの間が3本の枝でつながれており、枝分かれしたノードからもさらに枝分かれする構造をもつものです。これを繰り返すことで図表4．2のような大きなツリーをつくりあげます。

このように、あるノードから次の時点のノードへと、次々に枝分かれしていきますが、このとき、ただやみくもに枝を伸ばすわけにはいきません。できあがったツリーがハル・ホワイト・モデルの示す金利期間構造を含む金利の過程を適切に表現していなければならないからです。このためには、3本の枝分かれによる金利r_tの期待値と分散が確率微分方程式と合致するように、ノードの示す金利とノード間の推移確率を定めます。さらに、ツリーの中央部分（センター・ノード、図表4．2参照）を金利r_tの全体の期待値と一致させると、より的確に期間構造を表現することができ、結果的にそれが

図表4．1　1期間の上下対称のツリー

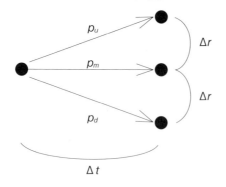

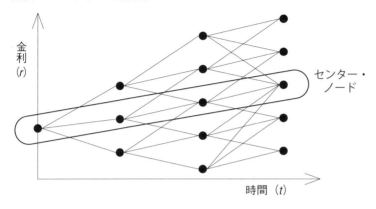

図表４.２　ツリーの全体像

プライシングの精度につながります。

ハル・ホワイト・モデルは、次のような確率微分方程式で表すことができました。

$$dr_t = (\theta(t) - ar_t)dt + \sigma dW_t \qquad \cdots\cdots(4.1)$$

この式では、時間や金利の変位が連続的に表現されていますが、ツリーを構築するためにはこれを離散的に表現し直すことが必要になります。

いま、時間を短い間隔で区切り、これをΔtと表します。すると式（4.1）は次のように表現し直すことができます。

$$r_{t+\Delta t} - r_t = (\hat{\theta}(t) - ar_t)\Delta t + \sigma(W_{t+\Delta t} - W_t) = (\hat{\theta}(t) - ar_t)\Delta t + \sigma \Delta W_t$$
$$\cdots\cdots(4.2)$$

まず始めに、$\hat{\theta}(t) = 0$でかつ、r_tの初期値をゼロとします。

$$r_{t+\Delta t} - r_t = -ar_t \Delta t + \sigma \Delta W_t \qquad \cdots\cdots(4.3)$$

すると、このツリーは図表４.３のように金利０から始まる傾きのない形状で表されます（ただし、ツリーに傾きがないのであって、式（4.3）のド

図表 4.3 金利 0 から始まる傾きのないツリー

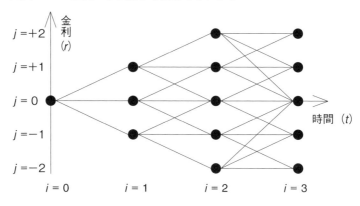

リフト項がないのではありません)。ここで、図表 4.3 のように、時間 $t=0$、金利 $r_0=0$ からツリーを構築したとき、時間方向(横軸)のノードを番号 $0,1,2,\cdots,i$、金利(の状態の)方向(縦軸)のノードを番号 $-1,0,1,2,\cdots,j$ で示し、個々のノードを (i,j) と表現することにします。

さて、ここでもう一度図表 4.1 をみてください。あるノード (i,j) を考え、このノード上の金利が時間 Δt の間に p_u の確率で Δr 上昇し、反対に p_d の確率で Δr 下降し、p_m の確率で変化がないものとします。ノード (i,j) における金利を r_i ($=j\Delta r$) とすると、Δt の間における r_i の変化の期待値 $E[r_{i+1}-r_i]$ および分散 $Var[r_{i+1}-r_i]$ は次のように近似できることがわかっています(巻末の付録 B を参照してください)。

$$E[r_{i+1}-r_i]=Mr_i=Mj\Delta r$$
$$Var[r_{i+1}-r_i]=V$$

ただし、M, V は定数 $\begin{cases} M=-a\Delta t \\ V=\sigma^2\Delta t \end{cases}$ ………(4.4)

ツリーの構築とは、このように表された期待値と分散の関係を崩さないようにノード間の確率を求め、式(4.1)に示した連続的な過程を、離散的な

かたちで表現するのです（なぜ、期待値と分散かといいますと、この過程が正規分布に従うので、それ以外の情報がなくても特定できるからです）。

2 推移確率の算出

では、実際にこの確率を求めてみましょう。まず、Δrの大きさを決めなければいけませんが、ここでは次のように定義します。

$$\Delta r = \sqrt{h \cdot V} \qquad \cdots\cdots\cdots(4.5)$$

ここで、$h=3$に設定すると離散化による誤差を比較的小さくできることが知られています。後は、簡単な確率の性質、①期待値の計算式、②分散の計算式、③確率の合計は1という3つの式を用いて推移確率を求めます。

$$\left.\begin{array}{l} ① E[r_{i+1}-r_i] = \Delta r \cdot p_u + 0 \cdot p_m + (-\Delta r) \cdot p_d = Mr_i = Mj\Delta r \\ ② Var[r_{i+1}-r_i] = E[(r_{i+1}-r_i)^2] - E[r_{i+1}-r_i]^2 = \Delta r^2 \cdot p_u + 0 \cdot p_m \\ \qquad\qquad + \Delta r^2 \cdot p_d - M^2 j^2 \Delta r^2 = V = \dfrac{\Delta r^2}{h} \\ ③ p_u + p_m + p_d = 1 \end{array}\right\} \qquad \cdots\cdots\cdots(4.6)$$

この連立方程式を解くと次の結果を得ることができます。

$$\left.\begin{array}{l} p_u = \dfrac{1}{2}\left(\dfrac{1}{h} + j^2 M^2 + jM\right) \\ p_m = 1 - \dfrac{1}{h} - j^2 M^2 \\ p_d = \dfrac{1}{2}\left(\dfrac{1}{h} + j^2 M^2 - jM\right) \end{array}\right\} \qquad \cdots\cdots\cdots(4.7)$$

このようにして、図表4.1の推移確率が求められましたが、図表4.1のかたちのままjの値をある程度以上大きくすると、各々の確率が0から1の

間に収まらなくなってしまいます。つまり、確率が2や-0.5などの理不尽な枝ができてしまうのです。これは、式（4.3）が平均回帰性をもつOU過程であるため、値がこのまま発散していかないからです。同様に、jの値がある程度以上の負の場合にもこのことがいえます。そこで、対策としてこのような場合には、ノードから出る枝の形状をjの値が正の方向へ上がり続けないように下向きの図表4.4、jの値が負の方向へ下がり続けないように上向きの図表4.5のように変えることを考えます。

　この場合の推移確率も、いままでと同じ方法で求めることができます。ここでは、結果のみ示しますので、式（4.6）、図表4.1、4.4、4.5を比

図表4.4　1期間の下向きのツリー

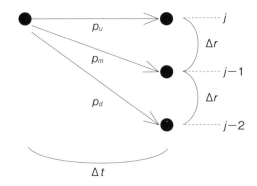

図表4.5　1期間の上向きのツリー

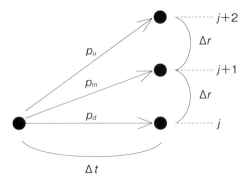

較しながら、ぜひ確かめてみてください。

図表4.4の推移確率：

$$
\left.\begin{array}{l}
p_u = 1 + \dfrac{1}{2}\left(\dfrac{1}{h} + j^2 M^2 + 3jM\right) \\[4pt]
p_m = -\left(\dfrac{1}{h} + j^2 M^2 + 2jM\right) \\[4pt]
p_d = \dfrac{1}{2}\left(\dfrac{1}{h} + j^2 M^2 + jM\right)
\end{array}\right\} \quad \cdots\cdots(4.8)
$$

図表4.5の推移確率：

$$
\left.\begin{array}{l}
p_u = \dfrac{1}{2}\left(\dfrac{1}{h} + j^2 M^2 - jM\right) \\[4pt]
p_m = -\left(\dfrac{1}{h} + j^2 M^2 - 2jM\right) \\[4pt]
p_d = 1 + \dfrac{1}{2}\left(\dfrac{1}{h} + j^2 M^2 - 3jM\right)
\end{array}\right\} \quad \cdots\cdots(4.9)
$$

では、jがどの程度の大きさのところで、図表4.4、4.5を用いるのでしょうか。最初にツリーを構築し始めるときは、図表4.1を用います。そして、ツリーが次第に大きくなり、jの値がある一定の正の値になったとき、次のツリー構築を図表4.4に変更します。このときのjの値をj_{max}と表すこととします。同様に、jがある一定の負の値になったら、図表4.5を適用します。このjの値をj_{min}と表します。このj_{max}とj_{min}の値は、これまでに述べたように推移確率p_u, p_m, p_dが必ず正の値をもつように決めなければなりません。平均回帰レートが$a \geq 0$のもとでは$M \leq 0$より、

式（4.7）では、

$$\dfrac{\sqrt{1-\dfrac{1}{h}}}{M} < j < -\dfrac{\sqrt{1-\dfrac{1}{h}}}{M}$$

第4章　ツリーの構築

式 (4.8) では、

$$-\frac{1-\sqrt{1-\frac{1}{h}}}{M} < j < -\frac{1+\sqrt{1-\frac{1}{h}}}{M}$$

式 (4.9) では、

$$\frac{1+\sqrt{1-\frac{1}{h}}}{M} < j < \frac{1-\sqrt{1-\frac{1}{h}}}{M}$$

の範囲内で p_u, p_m, p_d は正の値をもちます。したがって、このための条件は次の範囲となります（ただし、係数 h は3本の枝のバランスが崩れないように $\frac{4}{3} < h \leq 4$ の範囲内の値を前提としています）。

$$-\frac{1-\sqrt{1-\frac{1}{h}}}{M} \leq j_{max} \leq -\frac{\sqrt{1-\frac{1}{h}}}{M}, \quad \frac{\sqrt{1-\frac{1}{h}}}{M} \leq j_{min} \leq \frac{1-\sqrt{1-\frac{1}{h}}}{M}$$

$$\cdots\cdots(4.10)$$

　実際にツリーを構築する場合は、ツリーの大きさがなるべく小さくてすむようにします。すなわち、上式の条件を満たす j_{max} と j_{min} のうち、その絶対値が最も小さくなる整数を選択します。このように定めると、式 (4.10) からわかるように j_{max} と j_{min} は絶対値が等しくなるので（$j_{max} = -j_{min}$）、今後はこれらの値をその絶対値 j_{max} で代表して呼ぶことにします。

　以上の話から、各ノードの確率は時間方向 i に関係なく j のみに依存し、ツリーは上下対称となることがわかります。このことから、式 (4.2) において、$\hat{\theta}(t)$ が0でない場合についても、ここで求めた推移確率を適用できます。次節では、この $\hat{\theta}(t) \neq 0$ の場合についてみていきます。

EXCEL コーナー

推移確率の計算

　各ノード間の推移確率の式がわかったところで、EXCELを使って実際に計算してみることにしましょう。

　まず始めに、ワークシート［Def］を指定してください。画面下の［Def］と書かれた見出し部分（シート見出し）をマウスでクリックすれば、このワークシートが表示されます。このワークシートでは、これから作成するツリーのための各種条件を設定します。ここではとりあえず次のように入力してください。

入力項目	入力値
a	0.1
σ	0.01
Δt	0.25
h	3
MとVの選択	0

　ここで、aとσはハル・ホワイト・モデルにおけるボラティリティのパラメータa、σ（定数）、Δtはノードの時間間隔（単位：年）、hはノード上の金利の変化の間隔Δrを決める係数を表しています。いまの場合、Δtが0.25（年）ですので、3カ月に1つのノードがあることになります。Δrは3つの金利幅から選べますが、$h=3$はこのツリー・アプローチにおいてジョン・ハル教授とアラン・ホワイト教授から推奨されている、いわゆる通常の金利幅になります。$h=2$にすると細かめの金利幅、$h=4$にすると粗めの金利幅を設定することになります。MとVの選択は、定数MとVを本文中の近似式（4.4）に設定するか、巻末の付録Bにある、より正確な式（B.3）にするかを選択するために

用意した番号（0または1）です。

このように指定すると、式（4.4）からMとVの値が求められ、式（4.5）からΔrが、式（4.10）からj_{max}の値が求められます。同じ[Def]の下方に、これらの値が自動的に計算され、表示されます。該当するセルに書かれた内容をみると、これらの式が記述されているのがわかりますので、確認してください。

* [Def]のセル番号［D16］をマウスで1回だけクリックしてください。そのセルの計算式が画面上方（数式バー）に表示されます（表示されない場合は、メニューの「表示」-「数式バー」を選択してください）。

　　［D16］の内容：
　　　＝IF（D14＝0,－D10＊D12,EXP（－D10＊D12）－1）
　　　　　　　　　　　　⇑
　　　　　D14が0ならば－D10×D12の結果、0以外ならば
　　　　　EXP（－D10×D12）－1の結果を表示

いま、セル［D10］にはaの値が、［D12］にはΔtの値が、［D14］にはMとVの式を選択する番号が入力されていますので、このセル［D16］には式（4.4）の計算結果［－0.025］が表示されています。同様にして、他のセルも計算されています。いまの場合は、j_{max}が8、$\Delta r(=\Delta x)$が約0.866％になっています（第8章で説明する他のモデルにも対応しているためにΔrではなくΔxと表示しています）。

次に、ワークシート［Pnorm］を指定してください。このワークシートでは図表4.1に示された形状のツリーの推移確率を計算しています。いちばん左のA列は、ノードの縦方向の番号jを表し、C、D、E列にそれぞれjに対応する次のノードへの推移確率p_u, p_m, p_dが表示されます。ここで図表4.1の形状は、$-j_{max}<j<j_{max}$の範囲のみであることに注意してください。B列はjの値がこの範囲に入っているかの判定に用いられており、次のように$-j_{max}<j<j_{max}$（すなわち、$j_{max}>|j|$）である場合に1が、それ以外の場合に0が表示されるようになっています。

j	jmax サイン	推移確率		
		Pu	Pm	Pd
12	0			
11	0			
10	0			
9	0			
8	0			
7	1	0.09448	0.63604	0.26948
6	1	0.10292	0.64417	0.25292
5	1	0.11198	0.65104	0.23698
4	1	0.12167	0.65667	0.22167
3	1	0.13198	0.66104	0.20698
2	1	0.14292	0.66417	0.19292
1	1	0.15448	0.66604	0.17948
0	1	0.16667	0.66667	0.16667
－1	1	0.17948	0.66604	0.15448
－2	1	0.19292	0.66417	0.14292
－3	1	0.20698	0.66104	0.13198
－4	1	0.22167	0.65667	0.12167
－5	1	0.23698	0.65104	0.11198
－6	1	0.25292	0.64417	0.10292
－7	1	0.26948	0.63604	0.09448
－8	0			
－9	0			
－10	0			
－11	0			
－12	0			

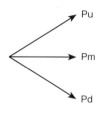

ノード間の推移確率
図表4．1

例：セル［B14］

B列の式＝IF(Def!D19＞ABS($A14),1,0)
　　　　　　　⇧　　　　　⇧
ワークシート［Def］のセル番号［D19］　　絶対値（|j|）

（j_{max}のセル）を指定

このシートでは図表4.1の推移確率を考えていますので、このB列の値が1の場合のみC、D、E列に確率を表示します。同様にして、図表4.4および図表4.5に示された形状の確率を計算するために、ワー

第4章　ツリーの構築

クシート［Pjmax］［Pjmin］を用意してあります。このワークシートでは、j の値が $j = j_{max}$ になる場合（Pjmax）、$j = -j_{max}$ になる場合（Pjmin）のみ、B列が1になるようにしています。これら3種類のシートをあわせて、ツリー全体の推移確率が決まります。本文中に、推移確率は j のみに依存するとありました。つまり、推移確率は時間に依存しないため、この3種類のワークシートで求めた値が、これから構築しようとするツリー全体の推移確率に適用できることになります。

3 イールドカーブへのフィッティング

これまでは、$\hat{\theta}(t) = 0$ としてツリーをつくりました。この状態は、式（4.3）を表していることになります。ツリー構築の次のステップは、$\hat{\theta}(t) = 0$ という仮定をはずし、$r_{t+\Delta t} - r_t = -ar_t\Delta t + \sigma\Delta W_t$ から $r_{t+\Delta t} - r_t = (\hat{\theta}(t) - ar_t)\Delta t + \sigma\Delta W_t$ へと変更することです。このことを図で表現すると図4.6、4.7のようになります。

Tree with $\hat{\theta}(t) = 0$

$r_{t+\Delta t} - r_t = -ar_t\Delta t + \sigma\Delta W_t$

Tree with $\hat{\theta}(t) \neq 0$

$r_{t+\Delta t} - r_t = (\hat{\theta}(t) - ar_t)\Delta t + \sigma\Delta W_t$

図表4.6　金利0から始まる $\hat{\theta}(t) = 0$ のツリー

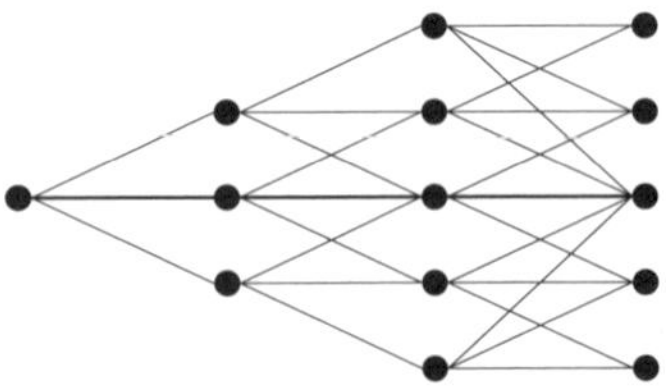

図表4.7　イールドカーブにフィットした $\hat{\theta}(t) \neq 0$ のツリー

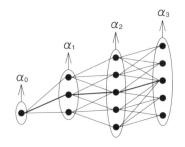

この図のようにツリーを変化させるために、$i\Delta t$時点のノードに対応する定数α_iを定めます。そして、図表４.７のツリーの各ノード(i,j)の（金利を表す）値を、図表４.６の各ノードにα_iを加えた値に変更します。つまり、$i\Delta t$時点上で縦に並んだ全ノードを、丸ごとα_iだけ上方にシフトさせるのです。当然のことですが、α_iは現時点の金利期間構造（ないし全期間の割引債価格）に矛盾しないように決定されなければなりません。こうしてできあがった図表４.７のツリーは、現時点での金利期間構造を含んだ期待イールドカーブをセンター・ノードの値で表現しています。

それでは、α_iを求めてみましょう。上記の議論から、時間$i\Delta t$におけるツリーのセンター・ノード（$j=0$）の値は、ゼロからα_iに変わります。図表４.６で金利r_iの初期値はゼロでしたので、図表４.７のα_0は現時点の金利期間構造にあうように$\alpha_0 = r_0$にします。このとき、ツリーのセンター・ノード上では、式（4.2）におけるドリフト項が次式のようになります。

$$(\hat{\theta}(i\Delta t) - a\alpha_i)\Delta t \quad (\because r_{i\Delta t} = \alpha_i) \quad \cdots\cdots(4.11)$$

この式（4.11）はノードが$i \to i+1$へ移ったときにおける金利の変化の期待値を表しています。言い換えれば、i時点のセンター・ノードの金利α_iは、次の$i+1$時点には式（4.11）の分だけ変化していなければならないということです。

このことから、次の式を導くことができます。

$$(\hat{\theta}(i\Delta t) - a\alpha_i)\Delta t = \alpha_{i+1} - \alpha_i \quad \cdots\cdots(4.12)$$

$$\hat{\theta}(i\Delta t) = \frac{\alpha_{i+1} - \alpha_i}{\Delta t} + a\alpha_i \quad \cdots\cdots(4.13)$$

この式（4.13）によって、$\hat{\theta}(t)$はαによって表せることがわかります。つまり、αを求めれば、当初の（差分方程式）式（4.2）をすべて満たすことができるのです。

なお、連続時間で考えると、α_tの変化は式（4.12）から

図表 4.8 ツリーのセンター・ノードの変化

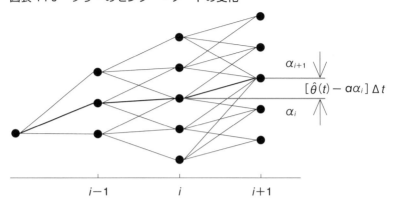

$$d\alpha_t = (\theta(t) - a\alpha_t)dt$$

と表せます。ここで、新たに変数$Y_t = e^{at} \cdot \alpha_t$をとり、第1章で用いた伊藤の公式に$X_t \equiv \alpha_t$、$f \equiv e^{at} \cdot X_t$と置いて当てはめますと、$a = \theta(t) - a\alpha_t$、$b = 0$で、$\frac{\partial f}{\partial t} = a \cdot e^{at} \cdot X_t$、$\frac{\partial f}{\partial x} = e^{at}$、$\frac{\partial^2 f}{\partial x^2} = 0$となることから、変数$Y_t$は$dY_t = d(e^{at} \cdot \alpha_t) = e^{at} \cdot \theta(t)dt$となります。そして$\alpha_t$の初期値は$r_0$であったので、$\theta(t)$の式(3.2)を用いて、最終的に$\alpha_t$の値は、

$$\alpha_t = e^{-at} \cdot r_0 + \int_0^t e^{-a(t-u)} \cdot \left(a \cdot f_{0,u} + \frac{\partial f_{0,u}}{\partial u} + \frac{\sigma^2}{2a}(1 - e^{-2au})\right)du$$
$$= f_{0,t} + \frac{\sigma^2}{2a^2}(1 - e^{-at})^2$$

と表せます。この値は前章にも出てきましたが、ショートレートの期待値です。

$$E[r_t | \varphi_0] = f_{0,t} + \frac{v(0,t)^2}{2} = f_{0,t} + \frac{\sigma^2}{2a^2}(1 - e^{-at})^2$$

したがって、理論的にαが期待イールドカーブとなっていることがわかり

ます。

　また、この式を応用し、現実に観測できないフォワード・ショートレートをツリーから導出される$α_i$を使って求めることもできます。

$$f_{0,i\Delta t} = α_i - \frac{σ^2}{2a^2}(1-e^{-a \cdot i\Delta t})^2$$

このフォワード・ショートレートは、第3章で述べたヨーロピアン・スワップションを解析的に求めるときに使えます。

4　アロー・ドブリュー証券

　ここで、計算の便宜上、アロー・ドブリュー証券（Arrow-Debreu security）というものを考えます。この証券は、ノーベル賞受賞学者である、アメリカの経済学者のケネス・アロー（Kenneth Arrow）とフランスの数学者のジェラール・ドブリュー（Gérard Debreu）の名前に由来するもので、指定したある1つのノードに到達した場合のみ1単位支払われ、そこに到達しなかった場合はゼロであるという、ノードに依存した性質をもった架空の証券をいいます（図表4.9参照）。

図表4.9　1つのノードに対応した1つのアロー・ドブリュー証券

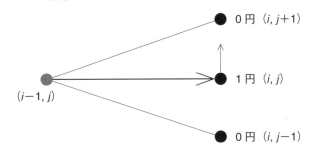

そして、ノード (i,j) におけるアロー・ドブリュー証券の現在価値を $Q_{i,j}$ と表すことにします。このままではイメージがつかみにくいと思いますので、次の図表4.10を参照してください。

いま、時点 $i=1$ のノード上における各々のアロー・ドブリュー証券は、それぞれのノードに達した場合にのみ1円が支払われます。つまり、金利がノード $(0,0)$ から上・中央・下のいずれのノードに推移してもその推移したノード上で1円が支払われます。では、これら3つのノードにおける3つのアロー・ドブリュー証券の現在価値 $Q_{1,j}$ $(j=-1,0,1)$ はどのようになるのでしょうか。現在価値化を行うためには、将来時点からのディスカウント（マネー・マーケット・アカウントの逆数 $\frac{1}{B_{1\Delta t}}$ ）はもちろんですが、（条件付期待値ですので）当該ノードまで到達する確率も考慮しなければなりません。つまり、到達確率が高ければアロー・ドブリュー証券の現在価値も高くなり、反対に到達確率が低ければ現在価値も低くなるというわけです。図表4.10においてディスカウントを仮に0.9にすると、各ノード上のアロー・ドブリュー証券の（時点 $i=0$ を現在とした）現在価値 $Q_{1,j}$ は次のように計算さ

図表4.10　3つのノードに対応した3つの異なるアロー・ドブリュー証券

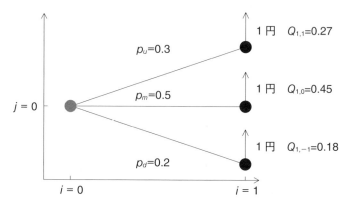

れます。

$$Q_{1,1} = 1 \times \frac{1}{B_{1\Delta t}} \times p_u = 1 \times 0.9 \times 0.3 = 0.27$$

$$Q_{1,0} = 1 \times \frac{1}{B_{1\Delta t}} \times p_m = 1 \times 0.9 \times 0.5 = 0.45$$

$$Q_{1,-1} = 1 \times \frac{1}{B_{1\Delta t}} \times p_d = 1 \times 0.9 \times 0.2 = 0.18$$

なお、各アロー・ドブリュー証券の現在価値の合計$\Sigma_j Q_{1,j}$は、商品の性質上、1つの割引債価格と一致します。このアロー・ドブリュー証券と、先ほど議論したαを時点$i=0$から順番に求めることによって、目的のツリーを完成させることができます。

5 フォワード・インダクションによるツリーの構築

さて、いま行っていることをここでもう一度整理しておきましょう。私たちは$\hat{\theta}(t) = 0$のときのツリーをすでに完成させており、これを用いて現時点の金利期間構造にうまく適合するツリー（$\hat{\theta}(t) \neq 0$）をつくろうとしています。このためには、各時点iにおけるα_iを求めればよいわけです。結果からいいますと、ある時点mまでの$Q_{m,j}$が求められている場合、それを用いてα_mを求めることができ、さらにα_mがわかれば$Q_{m+1,j}$を求められるため、これを繰り返すことで、全体のαを求められることになります。

いま、$Q_{i,j}$が$i \leq m$まで定まっていると仮定します。次のステップは、$(m+1)\Delta t$に償還を迎える割引債が正しく評価されるようにα_mを求めます。すなわち、現時点の割引債価格にフィットするように求めます。これは、第1章の式（1.3）が、

$$P_{t,T} = E\left[e^{-\int_t^T r_u du} \,\middle|\, \varphi_t \right]$$

と表せることから、巻末の付録Aにある式（A.5）とあわせ、次のような式

のかたちでの一致を意味しています。

$$E\left[e^{-\int_0^T r_u du} \,\middle|\, \varphi_0\right] = e^{-\int_0^T f_{0,u} du}$$

このように、イールドカーブへのフィッティングとは、期待イールドカーブを現時点のフォワードレートの値に一致させることではなく、ディスカウント・ファクターのかたちで、期待値と現時点の値とを合致させることを意味しているのです。

余談ではありますが、このとき、関数$y = e^{-x}$の下に凸の湾曲した形状から（凸関数yの期待値が変数xの期待値によるyの値以上になっているという**イェンセンの不等式**（Jensen's inequality）を使って）、$E\left[e^{-\int_0^T r_u du} \,\middle|\, \varphi_0\right]$ $\geq e^{-E\left[\int_0^T r_u du \,\middle|\, \varphi_0\right]}$と表せるので、$E\left[\int_0^T r_u du \,\middle|\, \varphi_0\right] \geq \int_0^T f_{0,u} du$という関係になっています。特に、ハル・ホワイト・モデルでは$\int_0^T r_u du$が正規分布に従うことがわかっているので、平均μ、分散v^2の正規分布に従う確率変数Xが、

$$E\left[e^X \,\middle|\, \varphi_0\right] = e^{\mu + \frac{1}{2}v^2}$$

と計算できることから、それを用いて、

$$E\left[e^{-\int_0^T r_u du} \,\middle|\, \varphi_0\right] = e^{-E\left[\int_0^T r_u du \,\middle|\, \varphi_0\right] + \frac{1}{2} Var\left[\int_0^T r_u du \,\middle|\, \varphi_0\right]}$$

と表せます。したがって、ハル・ホワイト・モデルの場合は、

$$E\left[\int_0^T r_u du \,\middle|\, \varphi_0\right] = \int_0^T f_{0,u} du + \frac{1}{2} Var\left[\int_0^T r_u du \,\middle|\, \varphi_0\right]$$

となっていることがわかります。

それでは、時点mにおけるアロー・ドブリュー証券の現在価値$Q_{m,j}$とセンター・ノードの金利水準α_mを用いて、時点$(m+1)$に償還される割引債の価格$P_{0,(m+1)\Delta t}$を導いてみましょう。割引債は満期になれば一定の額面金額

図表 4.11 時点 $(m+1)$ に償還される割引債のキャッシュフロー

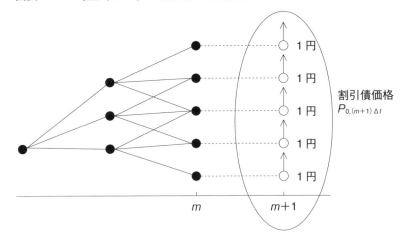

図表 4.12 ノード (m,j) における時点 $(m+1)$ に償還される割引債の価値

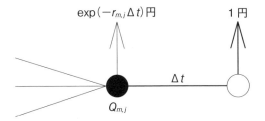

が必ず支払われるので、図表 4.11 のように時点 $(m+1)$ における全ノードにおいて 1 円が支払われると考えられます。

一方、ノード (m,j) からこの割引債をみると、時点 m で時点 $(m+1)$ までの金利（ショートレート）がわかっていますので、時点 m における割引債の価値は、時点 m の各ノード上の金利を使って確率 1 でディスカウントした値となります。すなわち、図表 4.12 のように時点 m から時点 $(m+1)$ までの推移確率に関係なく時点 m から時点 $(m+1)$ までのショートレートでディスカウントすることで時点 m における割引債の価値を求めることが

第 4 章 ツリーの構築

できることを意味しています。この値をさらに現在価値化するには、各アロー・ドブリュー証券の現在価値 $Q_{m,j}$ を掛ければよいことがわかります。

このことから、時点 $(m+1)$ に償還される割引債の現在価値 $P_{0,(m+1)\Delta t}$ は次のように書き表すことができます。

$$\left. \begin{array}{l} P_{0,(m+1)\Delta t} = \sum_{j} Q_{m,j} \cdot e^{-r_{m,j} \cdot \Delta t} \\ r_{m,j} = \alpha_m + j\Delta r \end{array} \right\} \quad \cdots\cdots(4.14)$$

これを α_m について解くと、

$$\alpha_m = \frac{\ln \Sigma_j Q_{m,j} \cdot e^{-j\Delta r \Delta t} - \ln P_{0,(m+1)\Delta t}}{\Delta t} \quad \cdots\cdots(4.15)$$

となります。このとき、仮定から $Q_{m,j}$ はすでに求められています。マルチカーブのもとで、この割引債の価格 $P_{0,(m+1)\Delta t}$ はOISレートに基づくディスカウント・ファクターとして市場に提示されているデータから求められるので、α_m を求めることができます。

図表4.13 アロー・ドブリュー証券の現在価値である各 $Q_{m,k}$ と $Q_{m+1,j}$ の関係

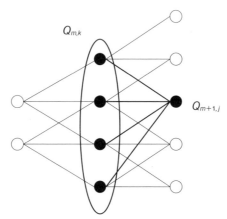

このようにして、$Q_{m,j}$と$P_{0,(m+1)\Delta t}$からα_mが求められると、図表4.13から次式によって$Q_{m+1,j}$を求められることがわかります。

$$Q_{m+1,j} = \sum_k Q_{m,k} \cdot p(k,j) \cdot e^{-(\alpha_m + k\Delta r) \cdot \Delta t} \quad \cdots\cdots\cdots (4.16)$$

ここで、$p(k,j)$はノード(m,k)から$(m+1,j)$への推移確率を表し、$Q_{m,k}$は時点mのノードの現在価値を表しています。同様に$Q_{m+1,j}$は時点$(m+1)$のノードの現在価値を示しているので、これを求めるためには、時点mからの推移確率とその間の金利を考慮して、これらの要素をあわせる作業を順に行います。このように時間に対して手前から求めていく方法を**フォワード・インダクション（Forward induction）**といいます。

なお、（市場から求めることができる）現時点のOISレートに基づくディスカウント・ファクターの価格も、期間に対して手前から求めていくので、フォワード・インダクションに似ているといえます。一般に基本的な方法としては、OISが第2章で紹介したとおり、満期が1年以下のものは1年超と異なり最後に一度にまとめて受払いされるので、市場で観測されるOISレートを用いて、1年以内と1年超の2段階で全期間のOISレートに基づくディスカウント・ファクターの価格を求めていきます。

1年以内：1年以内の（期間T_iの）時点tのOISレートから算出

$$O_t^{T_i} = \frac{1 - P_{t,T_i}^O}{\delta_{(T_i - t)} \cdot P_{t,T_i}^O} \Rightarrow P_{t,T_i}^O = \frac{1}{1 + \delta_{(T_i - t)} \cdot O_t^{T_i}}$$

1年超：各期間T_iの時点tのOISレートと1年以内の結果を使って逐次的に算出

$$O_t^{T_i} = \frac{1 - P_{t,T_i}^O}{\sum_{j=1}^i \delta_j \cdot P_{t,T_j}^O} \Rightarrow P_{t,T_i}^O = \frac{1 - O_t^{T_i} \cdot \sum_{j=1}^{i-1} \delta_{(T_j - T_{j-1})} \cdot P_{t,T_j}^O}{1 + \delta_{(T_i - T_{i-1})} \cdot O_t^{T_i}}$$

現時点のLIBORに基づくディスカウント・ファクターの価格については、求められた全期間のOISレートに基づくディスカウント・ファクターと市場

で観測されるスポットLIBOR、FRAならびにスワップレートを用いて、期間に対し手前から求めていくことになりますが、短期先物レートをFRAのかわりに用いたい場合は、前章で紹介したようにコンベキシティ調整に注意する必要があります。

話を戻しますが、式（4.15）と式（4.16）を繰り返し用いることでQとαの値が次々と求められることがわかったので、後は初期条件$Q_{0,0}$を与えることで、すべての時点におけるQとαを求めることができます。

初期条件$Q_{0,0}$は、$t=0$のノードの到達確率が1であることと、ディスカウントが1 $\left(\dfrac{1}{B_0} = \dfrac{1}{e^{r_0 \cdot 0}} = \dfrac{1}{1} = 1\right)$であることから、1となります。

$$Q_{0,0} = 1 \qquad \cdots\cdots\cdots(4.17)$$

こうして得られた全期間のαをインプットすることで、ツリーが完成します。

EXCELコーナー　イールドカーブへのフィッティング

ここでは、すでに求められているノード間の推移確率を使って、図表4.7のようにイールドカーブにフィットしたツリーをつくります。本文中で述べたとおり、ツリーを構築するためには、次の3種類の値が必要になります。

求める値	記号	対応するワークシート
アロー・ドブリュー証券	Q	ArrowDeb
アルファ	α	Alpha
現時点の割引債価格	P	Market_P

ここで、ワークシート［ArrowDeb］とワークシート［Alpha］の画面をみてください。構築されたツリーのイメージがわかると思います。

画面上方の3行目にタイムステップi、4行目に現在からの時点tが表示されています。この時点tは［Def］画面で指定したΔtの大きさに応じて変化します。画面左側のA列にはjの値が表示されており、20行目の$j=0$から上下に$j=12$、$j=-12$まで表示されています。本プライシングツールのツリーは全体で12ステップです。Δtが0.25年と0.5年の2種類に対応しており、ツリー全体の期間はそれぞれ3年と6年ということになります。

　さて、上記3種類の値のうち、Qとαは順次計算によって求めていきますが、割引債価格Pは、市場で観測されるOISレートから、本文中で触れたような方法で導かれたOISレートに基づく額面1円当りの満期までのディスカウント・ファクターの値を用いることになります。この割引債価格は、データ入力用ワークシート［CurveData］のD列にこの値を設定しています。あらかじめ、仮の市場データとして、1：OISレートベース、2：6カ月LIBORベース、3：12カ月LIBORベースの3種類のディスカウント・ファクターのデータがこのワークシートに入力されていますが、変更することも可能です。また、データはΔtが最小3カ月であることを考えて、3カ月ごとに入力します。入力画面の右側には、データのグラフが表示されていますので、入力されたディスカウント・ファクターのカーブがどのような形状であるかを確認することができます。OISレートベースに対して、6カ月LIBOR、12カ月LIBORと、銀行の資金調達に係る信用リスクがスプレッドとして昇順に上乗せされているために、割引債価格と金利の関係からディスカウント・ファクターは逆にOISレート、6カ月LIBOR、12カ月LIBORと降順になっています。

　ここで、ワークシート［Pricing］を指定してください。まず11行目に「金利期間構造モデル」という項目があります。3種類のモデルに対応していますが、ここは、ハル・ホワイト・モデルを示す番号1を

指定します。番号2の移動対数正規モデルと3の二乗正規モデルについては、第8章で使用します（その下の12行目は移動対数正規モデルのときだけ使用します）。次に、同じ［Pricing］内の14行目「指標金利の種類」欄に使用したい指標金利の種類を番号で指定してください。ここに先ほどのワークシート［CurveData］の6カ月LIBORまたは12カ月LIBORのどちらかを選択します。入力値は6または12です。そして、その欄の左側にあるマクロボタン「データセット実行」をマウスでクリックすると、ワークシート［CurveData］のデータがΔtの大きさごとにワークシート［Market_P］へ複写されます（本コーナーでは6カ月LIBORを指す6を入力しておいてください）。

入力項目	入力値
金利期間構造モデル	1
指標金利の種類	6

ワークシート［Market_P］では、ツリーの時間方向 i に対して2つのディスカウント・ファクターのデータが対応していますが、このうち、20行目のデータが、フィットさせたいOISレートに基づく現時点の割引債価格 P となります。

さて、P のデータが準備できたところで、Q と α を求めましょう。

まず、Q の初期値が $Q_{0,0}=1$ であることは式（4.17）で述べました。ワークシート［ArrowDeb］のセル［C20］には、この $Q_{0,0}=1$ が入っています。

次のステップは α_0 を求めることです。式（4.15）から α_0 を求めるには $Q_{0,0}$ と $P_{0,\Delta t}$ が必要になりますが、$Q_{0,0}=1$ なので、$\alpha_0 = -\dfrac{\ln P_{0,\Delta t}}{\Delta t}$ という r_0 の計算になります。ワークシート［ShortRate］では、各ノード上のOISレートに基づくショートレートを表示しています。$j=0$ のときのショートレート r_0 が α_0 であり、ノードの上下の間隔が Δr ですか

アロー・ドブリュー証券

i	0	1	2	3	4	5	6	7	8	9	10	11	12
t	0	0.25	0.5	0.75	1	1.25	1.5	1.75	2	2.25	2.5	2.75	3
j													
12													0.0000
11												0.0000	0.0001
10											0.0000	0.0000	0.0006
9										0.0000	0.0000	0.0004	0.0036
8									0.0000	0.0000	0.0003	0.0028	0.0156
7								0.0000	0.0000	0.0002	0.0022	0.0137	0.0491
6							0.0000	0.0000	0.0001	0.0015	0.0116	0.0464	0.1119
5						0.0001	0.0002	0.0005	0.0010	0.0095	0.0432	0.1116	0.1846
4					0.0005	0.0016	0.0032	0.0052	0.0073	0.0393	0.1107	0.1900	0.2198
3				0.0036	0.0096	0.0165	0.0232	0.0293	0.0347	0.1089	0.1957	0.2285	0.1890
2			0.0256	0.0510	0.0706	0.0848	0.0946	0.1013	0.1059	0.2018	0.2383	0.1941	0.1173
1		0.1664	0.2212	0.2354	0.2349	0.2293	0.2222	0.2150	0.2082	0.2495	0.1995	0.1165	0.0527
0	1.0000	0.6656	0.5028	0.4141	0.3602	0.3242	0.2981	0.2783	0.2625	0.2053	0.1151	0.0495	0.0171
-1		0.1664	0.2217	0.2365	0.2365	0.2313	0.2246	0.2178	0.2114	0.1127	0.0458	0.0149	0.0040
-2			0.0257	0.0514	0.0716	0.0862	0.0966	0.1040	0.1091	0.0414	0.0126	0.0032	0.0007
-3				0.0037	0.0098	0.0169	0.0239	0.0305	0.0363	0.0102	0.0024	0.0005	0.0001
-4					0.0005	0.0016	0.0033	0.0054	0.0078	0.0017	0.0003	0.0000	0.0000
-5						0.0001	0.0002	0.0006	0.0010	0.0002	0.0000	0.0000	
-6							0.0000	0.0000	0.0001	0.0000	0.0000		
-7								0.0000	0.0000	0.0000			
-8									0.0000				
-9													
-10													
-11													
-12													

第4章　ツリーの構築

ら、各ノードのショートレートは、ハル・ホワイト・モデル（ワークシート［Pricing］の「金利期間構造モデル」の番号１）においてノード (i,j) のショートレート $= \alpha_i + j\Delta x = \alpha_i + j\Delta r$ で計算できます。ワークシート［Alpha］では８行目〜32行目で各々の j に対応する $Q_{i,j}\cdot e^{-r_{i,j}\Delta t}$ をこのワークシート［ShortRate］の各ノードのショートレートを参照しながら計算し、６行目でこれらの合計を利用して、結果的に式（4.14）を計算しています（６行目のセルに書かれているSUM（・）が Σ を表しています）。ここで、５行目のセルに α を求める式（4.15）が見当たりませんが、ワークシート［Pricing］にあるマクロボタン「アルファ計算」をマウスでクリックすると、式（4.15）の計算結果が５行目に表示されるようになっています（式（4.15）の計算自体は静的に求めることができますが、第８章で説明する他のモデルの計算のためにマクロボタンで対応しています）。

　α_0 が求められると、次は式（4.16）から α_0 と $Q_{0,0}$ を用いて $Q_{1,j}$ を求めていきます。ワークシート［ArrowDeb］のセル内容は若干、式が複雑になっていますが、ワークシート［Pnorm］［Pjmax］［Pjmin］をうまく使い分けながら、式（4.16）を計算しています。

　このようにして、次は α_1 を、というように繰り返し、同様の計算を行って、$i = 12$ までの全ステップにおけるアロー・ドブリュー証券の現在価値 Q と α の値を計算します。ワークシート上では、同じ計算の繰り返しであることから、各セルの内容は、計算で使用する値を示すセル番号が異なるだけになっています（EXCELのコマンド「コピー」でセル内容を複写しています）。

　ここまでできれば、ツリーは完全に構築されたことになります。できあがったツリーのイメージをつかむために、ワークシート［Prob］とワークシート［TreeView］を用意しました。ワークシート［TreeView］では、求められたショートレートを縦軸にとってグラフ化

i	0	1	2	3	4	5	6	7	8	9	10	11	12
t	0	0.25	0.5	0.75	1	1.25	1.5	1.75	2	2.25	2.5	2.75	3
	0.00656	0.00527	0.00531	0.00606	0.00734	0.00946	0.00862	0.01045	0.01387	0.01829	0.02283	0.02559	0.0274
j	0	1.1E-10	1.1E-10	0	0			2.2E-10	2.2E-10		1.1E-10	0	1.1E-10
12													0.0000
11												0.0000	0.0001
10											0.0000	0.0000	0.0006
9										0.0000	0.0000	0.0004	0.0035
8									0.0000	0.0000	0.0003	0.0028	0.0153
7								0.0000	0.0001	0.0002	0.0021	0.0135	0.0484
6							0.0000	0.0000	0.0010	0.0015	0.0115	0.0458	0.1107
5						0.0001	0.0002	0.0005	0.0072	0.0094	0.0427	0.1104	0.1829
4					0.0005	0.0016	0.0032	0.0051	0.0344	0.0389	0.1096	0.1883	0.2183
3				0.0036	0.0095	0.0163	0.0230	0.0290	0.1051	0.1079	0.1942	0.2270	0.1881
2			0.0255	0.0507	0.0702	0.0842	0.0939	0.1006	0.2070	0.2004	0.2369	0.1933	0.1170
1		0.1658	0.2205	0.2346	0.2340	0.2283	0.2212	0.2140	0.2616	0.2483	0.1988	0.1163	0.0526
0	0.9984	0.6647	0.5021	0.4135	0.3596	0.3234	0.2974	0.2776	0.2111	0.2048	0.1149	0.0495	0.0171
-1		0.1665	0.2219	0.2366	0.2365	0.2313	0.2246	0.2177	0.1092	0.1127	0.0458	0.0149	0.0040
-2			0.0258	0.0516	0.0717	0.0864	0.0968	0.1042	0.0364	0.0415	0.0126	0.0032	0.0007
-3				0.0037	0.0099	0.0170	0.0240	0.0306	0.0078	0.0102	0.0024	0.0005	0.0001
-4					0.0005	0.0016	0.0033	0.0055	0.0011	0.0017	0.0003	0.0000	0.0000
-5						0.0001	0.0002	0.0006	0.0001	0.0002	0.0000	0.0000	
-6							0.0000	0.0000	0.0000	0.0000	0.0000		
-7								0.0000	0.0000	0.0000			
-8									0.0000				
-9													
-10													
-11													
-12													

アルファの値はこの色の部分になります。

アルファ

したものが示されています。センター・ノードのみが線でつながれており、jの値によって色分けされていますので、ツリーの全体像をつかむことができるようになっています。

ワークシート［Prob］では、各ノードへの到達確率を示しています。到達確率とは、$t=0$から枝分かれしながら、時点tのノード(i,j)に到達するまでの確率が、同時点tのノードのなかでどの程度の大きさであるかを示すものです。この値は、そのノードにつながっている1時点前のノードの到達確率にそこからの推移確率を掛けたものの合計で計算できます。これにより求められた値をみると、ツリーの中央付近（$j=0$近辺）の到達確率が高く、上下方向に離れるほど低くなっていることがわかります。また、当然のことですが、縦方向の到達確率の合計は1になります。

以上の計算によって、OISレートに基づく1ファクターのハル・ホワイト・モデルのツリーが完成しました。

図表E4.1　ツリー上の到達確率の計算

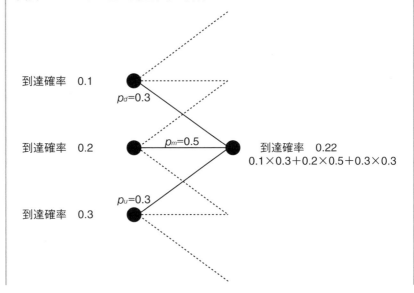

到達確率

i	0	1	2	3	4	5	6	7	8	9	10	11	12
t	0	0.25	0.5	0.75	1	1.25	1.5	1.75	2	2.25	2.5	2.75	3
j													
12													
11													
10													
9													
8									0.0000	0.0000	0.0000	0.0000	0.0000
7								0.0000	0.0000	0.0000	0.0000	0.0000	0.0001
6							0.0000	0.0000	0.0001	0.0002	0.0003	0.0005	0.0006
5						0.0001	0.0002	0.0006	0.0010	0.0016	0.0023	0.0031	0.0039
4					0.0005	0.0016	0.0033	0.0054	0.0076	0.0100	0.0124	0.0147	0.0169
3				0.0037	0.0098	0.0168	0.0238	0.0302	0.0360	0.0411	0.0455	0.0493	0.0526
2			0.0257	0.0514	0.0715	0.0861	0.0965	0.1039	0.1091	0.1128	0.1154	0.1173	0.1186
1		0.1667	0.2221	0.2370	0.2371	0.2321	0.2256	0.2191	0.2129	0.2073	0.2022	0.1975	0.1934
0	1.0000	0.6667	0.5043	0.4159	0.3623	0.3266	0.3011	0.2817	0.2664	0.2541	0.2438	0.2351	0.2276
-1		0.1667	0.2221	0.2370	0.2371	0.2321	0.2256	0.2191	0.2129	0.2073	0.2022	0.1975	0.1934
-2			0.0257	0.0514	0.0715	0.0861	0.0965	0.1039	0.1091	0.1128	0.1154	0.1173	0.1186
-3				0.0037	0.0098	0.0168	0.0238	0.0302	0.0360	0.0411	0.0455	0.0493	0.0526
-4					0.0005	0.0016	0.0033	0.0054	0.0076	0.0100	0.0124	0.0147	0.0169
-5						0.0001	0.0002	0.0006	0.0010	0.0016	0.0023	0.0031	0.0039
-6							0.0000	0.0000	0.0001	0.0002	0.0003	0.0005	0.0006
-7								0.0000	0.0000	0.0000	0.0000	0.0000	0.0001
-8									0.0000	0.0000	0.0000	0.0000	0.0000
-9													
-10													
-11													
-12													

第4章 ツリーの構築

第5章

バックワード・インダクション

　ここまでの内容で、OISレートに基づく現時点からみた将来の金利期間構造を、ツリーによって表現することができました。本章と次章では、このツリーを使った金利デリバティブの基本的なプライシング方法について、順を追って述べていくことにします。これにより、単純なスワップ取引からより複雑な商品までのプライシングをマルチカーブのもとで行うことができるようになります。

1 ツリーを使ったプライシング方法

ここではまず、ツリーを使ってどのようにプライシングを行うかのイメージをもつことから始めましょう。ツリーを使ったプライシング方法は大きく分けて2種類存在します。1つ目は「バックワード・インダクション（Backward induction）」と呼ばれる手法で、もう1つは「モンテカルロ・シミュレーション（Monte Carlo simulation）」という方法です。

バックワード・インダクションは、ツリーの後方（将来時点）からスタートし、各ノードを現在まで順番にさかのぼって、デリバティブの現在価値を求める方法です。キャッシュフローを、確率を加味して徐々に引き戻す（バックワード）方法で、これを現在時点まで行った段階で価格が求められます。このため、引戻し計算を1回行うとプライシングが完了します。

モンテカルロ・シミュレーションは、反対に現在時点から出発し、乱数によって金利の動きを試行して、デリバティブの価格を求める方法です。ただし、1回では価格は求められず、何回も計算しなければなりません。

このようにツリーを使ったプライシングには2通りの方法があり、価格を求めようとする商品の特性によって使い分けることになります。本章では、1つ目のバックワード・インダクションについて説明します。

図表5.1 ツリーを使ったプライシングのイメージ

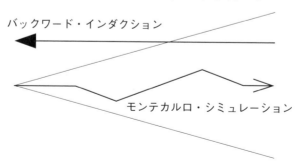

2 バックワード・インダクションの考え方

　ツリーで価格計算を行うには、まずその商品ではどのような条件（境界条件・金利の種類・期間等）のもとでキャッシュフローが発生するかを各ノードに対応させることが必要になります。図表5.2でそのイメージをつかんでください。

　この図では、時間軸方向に2、4番目のノードにおいて、金利がある値以上のときにキャッシュフローが発生する商品（例：キャップ）を表しています。このように将来時点のキャッシュフローをまずツリー上で表し、次に各々のキャッシュフローの現在価値を求め、これらの値の総和をその商品の価格とみなすのです。

　では、キャッシュフローのバックワードはどのようにして行うのでしょうか。まずは図表5.3を参照してください。

　図表5.3では、ノード(d)から枝分かれした3つのノードのうち、上の2

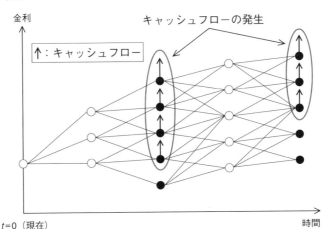

図表5.2　キャップのキャッシュフローの例

つ(a)(b)についてのみ、キャッシュフロー1.00が発生しています。このキャッシュフローを1ステップ手前のノード(d)までバックワードするには以下のようにします。

① アロー・ドブリュー証券を求めたときと同様に、ノード間の確率を考慮してキャッシュフローにこの確率を掛ける

② ノード間の時間Δtと、ノード(d)におけるΔt期間のOISレートに基づく金利(ショートレート)$r_{i,j}$から求められるディスカウント(マネー・マーケット・アカウントの逆数)$\exp(-r_{i,j}\cdot\Delta t)$を掛ける

これにより、ノード(a)(b)(c)のキャッシュフローを1ステップ、バックワードするには、

$$\exp(-r_{i,j}\cdot\Delta t)\cdot\sum_{k}CF_k\cdot p(j,k) \qquad\cdots\cdots\cdots(5.1)$$

を計算すればよいことがわかります。ただし、CF_kはノード(d)に接続しているノード上のキャッシュフロー、$p(j,k)$はノード間の推移確率を表します。このようにして、現在時点($t=0$)までバックワードを繰り返すことで商品の現在価値が求められます。

3 指標金利の生成

ツリーのノード上で、金利デリバティブのキャッシュフローを計算する場合に不可欠なものとして、指標金利があります。通常、スワップやキャップなどの金利デリバティブでは、将来発生する利払い額確定のために、LIBORやスワップレートなど、マーケットで観測される、広く客観性のある金利が用いられます。このため、図表5.2のような、各ノード上のキャッシュフロー額を求めるには、これらのノード上における指標金利を計算する必要があります。ここでは、参照する指標金利をこれまでと同様6カ月LIBORに設定し、デリバティブのプライシングを行うことにします。

ツリーを使って各ノード上の6カ月LIBORを求めましょう。いま、ツリー

図表 5 . 3　ノード(d)までのバックワード

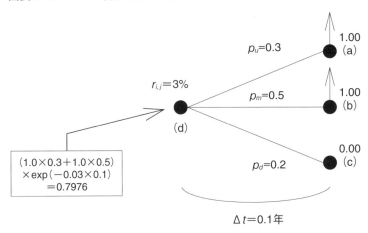

図表 5 . 4　ノード(g)までのバックワード

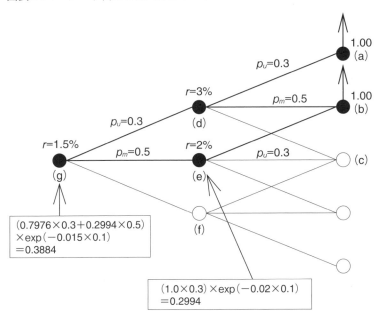

第 5 章　バックワード・インダクション　109

上の金利$r_{i,j}$は、ノード1ステップの長さ（Δt）を付利期間とするOISレートに基づくショートレートを表していました。この金利を用いてノード上の6カ月LIBORを算出するには次のようにします。

これまで何回か出てきましたが（たとえば第2章の式（2.5））、マルチカーブのもとで時点tにおける6カ月LIBORは次のように表すことができました。

$$L_{t,t}^{6M} = \frac{1}{\delta}\left(\frac{1}{P_{t,t+0.5}^{6M}} - 1\right)$$

ただし、δは付利期間。ここで、LIBOR−OISスプレッドが確率的に変動せずに確定的なものと仮定していましたので、次の式が使えました（第3章の式（3.9）参照）。

$$P_{t,T}^{6M} = P_{t,T}\frac{P_{0,T}^{6M}}{P_{0,t}^{6M}}\frac{P_{0,t}}{P_{0,T}}$$

これはLIBORに基づく割引債価格の変動をOISレートに基づく割引債価格の変動で表現できることを示しています。したがって、時点tにおける6カ月LIBORは、

$$L_{t,t}^{6M} = \frac{1}{\delta}\left(\frac{1}{P_{t,t+0.5}^{6M}} - 1\right) = \frac{1}{\delta}\left(\frac{1}{P_{t,t+0.5}}\frac{P_{0,t}^{6M}}{P_{0,t+0.5}^{6M}}\frac{P_{0,t+0.5}}{P_{0,t}} - 1\right) \quad \cdots\cdots（5.2）$$

と時点tからみた満期（$t+0.5$）のOISレートに基づく割引債価格$P_{t,t+0.5}$だけわかれば、後は時点ゼロにおけるOISレートに基づくディスカウント・ファクターとLIBORに基づくディスカウント・ファクターの比率で調整することで、マルチカーブのもとでの6カ月LIBORを算出できるはずです。この割引債価格$P_{t,t+0.5}$は、図表5.5のようにして求めます（時点（$t+0.5$）に当たるノード上に1.00を立てて、これを時点tに当たるノードまでバックワードすることで求められる）。この方法をツリー上の全ノードについて適用することによって各ノード上のOISレートに基づく割引債価格$P_{t,t+0.5}$およ

図表5.5　ノード上のOISレートに基づく割引債価格$P_{t,t+0.5}$の計算

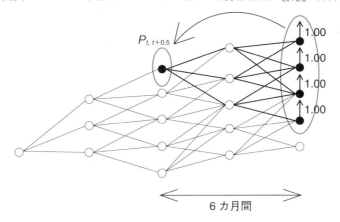

びそれに対応した6ヵ月LIBORを求めることができます。

指標金利の生成

〈プログラム言語について〉

　ツリーを構築しているときは、求めたい値がすべて静的に求められました（各ノードの値を、すでに求められている定数を用いた数式で表現できるということです）。このため、EXCELのセル内にこれらの式を入力すれば、計算できました。ところが、本章以降で扱う内容は、動的に計算を行わなければなりません。そのため、マクロ命令によるプログラミングが不可欠になります。

　学習用EXCELシートは、EXCEL VBA（Visual Basic for Application）というBasic言語によってプログラミングされています。プログラミングの経験がない方は、プログラムの内容をみる必要はあり

ません。マクロボタンを押して、実際にマクロを実行すれば、画面上で計算過程を視覚的にみることができますので、ここでは計算の流れをつかむことに重点をおいてください。

プログラムの経験が少しでもある方は、実際にプログラムを読んでみてもいいでしょう。プログラムの中核部分はさほど複雑ではありませんので、本文やコメントをみながら読むと、比較的容易に内容を把握できると思います。

ではここで、すでにできあがったツリーを使って、指標金利の計算を実行してみましょう。

まず、ワークシート［Def］で、2つのパラメータとノードの時間間隔Δt、ノードの金利の変化の間隔Δrを決める係数hの値およびMとVの式を選択する番号を再確認してください。

入力項目	入力値
a	0.1
σ	0.01
Δt	0.25
h	3
MとVの選択	0

次にワークシート［Pricing］を指定します。ここで、金利期間構造モデルを1のハル・ホワイト・モデルに設定します。次に、同じ［Pricing］内の14行目「指標金利の種類」欄に求めたい指標金利の種類を番号で指定します。ここでは、6カ月LIBORとして数字の6を入力してください。その後、必ずマクロボタン「データセット実行」を押してください。これによって、ワークシート［Market-P］に3カ月ごとの割引債価格がセットされます（特に、$\Delta t=0.5$から変更した場合は、これを行わないと、半年ごとのディスカウント・ファクターとなって

いる場合がありますので注意してください）。

入力項目	入力値
金利期間構造モデル	1
指標金利の種類	6

　これで準備ができましたので、［Pricing］画面左のマクロボタン「アルファ計算」と「指標金利計算実行」を押してください。「指標金利計算実行」を押したらすぐに画面がワークシート［RefRate］に変わり、数値が一度クリアされた後に計算結果が表示されます。ワークシート［RefRate］上にも同じ「指標金利計算実行」のマクロボタンがありますが、機能は同じですので、ここで押してもかまいません。

　では、計算結果をみてみましょう。指標金利の計算は図表5.5のように求めたいノードから指標金利の長さ分先のノードに1を立て、そこからバックワードしてOISレートに基づく割引債価格を計算したうえで求めます。ここでの計算は、時点 $t+0.5$ のノード全部についてまとめてバックワードします。

図表E5.1　OISレートに基づく割引債価格 $P_{t,t+0.5}$ の計算のためのバックワード

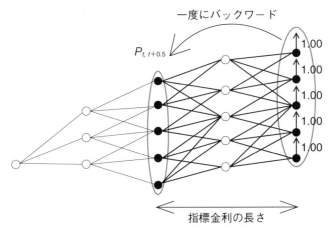

i	0	1	2	3	4	5	6	7	8	9	10	11	12
t	0	0.25	0.5	0.75	1	1.25	1.5	1.75	2	2.25	2.5	2.75	3
j													
12													
11													
10													
9													
8									10.14%	10.42%	10.59%		
7								8.95%	9.24%	9.52%	9.69%		
6							7.79%	8.06%	8.35%	8.62%	8.80%		
5						6.66%	6.90%	7.17%	7.46%	7.73%	7.90%		
4					5.55%	5.78%	6.02%	6.29%	6.57%	6.85%	7.02%		
3				4.40%	4.67%	4.90%	5.14%	5.41%	5.69%	5.97%	6.13%		
2			3.37%	3.53%	3.80%	4.03%	4.26%	4.53%	4.81%	5.09%	5.25%		
1		2.43%	2.50%	2.66%	2.93%	3.16%	3.39%	3.66%	3.94%	4.21%	4.38%		
0	1.50%	1.57%	1.64%	1.80%	2.06%	2.29%	2.52%	2.79%	3.07%	3.34%	3.51%		
-1		0.71%	0.78%	0.94%	1.20%	1.43%	1.66%	1.92%	2.20%	2.47%	2.64%		
-2			-0.08%	0.08%	0.34%	0.57%	0.80%	1.06%	1.34%	1.61%	1.77%		
-3				-0.77%	-0.51%	-0.29%	-0.06%	0.20%	0.48%	0.75%	0.91%		
-4					-1.36%	-1.14%	-0.91%	-0.65%	-0.37%	-0.11%	0.06%		
-5						-1.99%	-1.76%	-1.50%	-1.22%	-0.96%	-0.80%		
-6							-2.61%	-2.35%	-2.07%	-1.81%	-1.65%		
-7								-3.19%	-2.92%	-2.66%	-2.49%		
-8									-3.76%	-3.50%	-3.34%		
-9													
-10													
-11													
-12													

指標金利

指標金利 計算実行

OISレートに基づくディスカウントファクター

i	0	1	2	3	4	5	6	7	8	9	10	11	12
t	0	0.25	0.5	0.75	1	1.25	1.5	1.75	2	2.25	2.5	2.75	3
j=12													
j=11													
j=10													
j=9													
j=8									1.0265	1.0242	1.0223		
j=7								1.0241	1.0221	1.0198	1.0180		
j=6							1.0211	1.0198	1.0178	1.0155	1.0136		
j=5						1.0170	1.0168	1.0154	1.0134	1.0112	1.0093		
j=4					1.0130	1.0127	1.0124	1.0111	1.0091	1.0068	1.0050		
j=3				1.0095	1.0087	1.0083	1.0081	1.0068	1.0048	1.0026	1.0007		
j=2			1.0057	1.0052	1.0044	1.0040	1.0038	1.0025	1.0005	0.9983	0.9965		
j=1		1.0016	1.0014	1.0009	1.0001	0.9998	0.9995	0.9982	0.9962	0.9940	0.9922		
j=0	0.9970	0.9974	0.9972	0.9967	0.9958	0.9955	0.9952	0.9939	0.9920	0.9898	0.9880		
j=-1		0.9931	0.9929	0.9924	0.9916	0.9912	0.9910	0.9897	0.9878	0.9856	0.9838		
j=-2			0.9887	0.9882	0.9873	0.9870	0.9868	0.9855	0.9835	0.9813	0.9796		
j=-3				0.9840	0.9831	0.9828	0.9826	0.9813	0.9793	0.9772	0.9754		
j=-4					0.9789	0.9786	0.9784	0.9771	0.9752	0.9730	0.9712		
j=-5						0.9744	0.9742	0.9729	0.9710	0.9688	0.9671		
j=-6							0.9700	0.9688	0.9669	0.9647	0.9629		
j=-7								0.9646	0.9627	0.9606	0.9588		
j=-8									0.9586	0.9565	0.9547		
j=-9													
j=-10													
j=-11													
j=-12													

このように一度にまとめて行っても、時点tのノードからみたその後のツリーの接続の仕方からみて、個別に行った（各々の部分木で行った）ときとまったく同じ計算を行っていることになるのです（本章6「ヨーロピアン・スワップションのプライシング」参照）。

こうしてバックワードされた値は、時点tからみた指標金利に対応する期間の割引債価格です。この値から、式（5.2）を用いて指標金利が求められます。また、ここで求めたOISレートに基づく割引債価格の値は、ワークシート［DF］に表示され、スワップ等のプライシングを行うときに再度利用することになります。

4 スワップのプライシング

ここまでの内容で、金利デリバティブのプライシングに必要な準備がすべてできました。ここではまず、プレーン・バニラ・スワップの評価の求め方を考えてみましょう。

〈想定するプレーン・バニラ・スワップ〉

元　　本：10億円
期　　間：半年後スタート2年後まで
支払金利：2.5％（固定）
受取金利：6カ月LIBOR
受払頻度：固定金利、変動金利ともに6カ月ごと

まず、各ノード上のキャッシュフローを計算します。このプレーン・バニラ・スワップの場合、金利決定日の6カ月LIBORによって、金利の受払い額が確定します。

図表5.6　金利決定日におけるスワップのキャッシュフローの計算

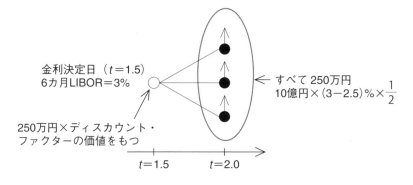

$$\text{キャッシュフロー} = \text{元本} \times (6\text{カ月} LIBOR - \text{固定金利}2.5\%)$$
$$\times \text{付利期間（単位：年）} \qquad \cdots\cdots\cdots (5.3)$$

このとき、プレーン・バニラ・スワップの場合、金利決定日の金利水準によって金利の受払い金額が確定的に決まり、金利決定後から半年間の金利水準は決済金額に影響を与えないということに注意してください。つまり、金利決定日において、すでにキャッシュフローが確定できることになります。この性質を利用すると、ツリー上で発生するキャッシュフローを金利決定日ベースで考えることができるようになり、先ほど求めた指標金利とキャッシュフローの対応がより容易になります。

この場合、金利決定日から実際の決済日までの時間分をディスカウントしなければなりませんが、金利決定日でキャッシュフローが確定しているので、OISレートに基づく割引債価格（指標金利を求める際に、この期間に対応した値がすでに求められている）を掛けるだけですみます（図表5.6参照）。

このことを考慮して、ツリー全体のキャッシュフローを表現すると図表5.7のようになります。矢印で示してあるキャッシュフローは、金利決定日におけるネットの受払金額で表現してあることに注意してください（上向

図表5.7 想定するプレーン・バニラ・スワップのキャッシュフロー

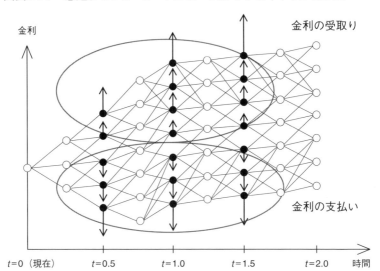

きの矢印はネットの受取り、下向きの矢印はネットの支払いを表します)。
このようにして表された図表5.7は、スワップ取引における金利の過程全体（つまりツリー全体）のすべてのキャッシュフローを示しています。あとは、これらを現在価値化すればよいことになります。

現在価値化の方法は、以下に示すアルゴリズム（手順）で行います。
① キャッシュフローが確定される金利決定日のノードに、式（5.3）とOISレートに基づく割引債価格から求めた金利決定日ベースの価値を与え、それ以外のノードにはゼロをセットする
② スワップの最終決済日（Termination Date）より1ステップ前のノードからスタートする
③ 該当ノードのOISレートに基づくショートレート（から求められるディスカウント）と、該当ノードから次のステップへ伸びている3本の枝の確率と、接続されたノードにおける価値とを考慮して、1ステップ、バックワードした値を求め、該当ノードの価値とする

④　該当ノードにあらかじめ計算されたキャッシュフローの価値が存在する場合は、③で求めた値と足し合わせ、これを該当ノードの価値とする
⑤　該当ノードと同じ時間上にある他のノードについて、同様の計算をすべて行う
⑥　該当ノードが現在時点（$t=0$）であるならば、求められた値をスワップの評価値とし、計算を終了する
⑦　該当ノードを1ステップ前に戻し、③に戻る

　このようにして、プレーン・バニラ・スワップの現在価値を求めることができます。キャッシュフローを順番にバックワードして現在価値を求めるこの方法は、直感的にも理解しやすいと思います。ここで述べたスワップの評価方法が、この後のさまざまな商品のプライシングの基本となりますので、十分理解しておいてください。

EXCELコーナー　スワップのプライシング

　プレーン・バニラ・スワップのプライシングを行います。まずは、ワークシート［Def］および［Pricing］で、計算条件にあった指標金利までをあらかじめ求めておいてください。

［Def］

入力項目	入力値
a	0.1
σ	0.01
Δt	0.25
h	3
MとVの選択	0

第5章　バックワード・インダクション

［Pricing］

入力項目	入力値
金利期間構造モデル	1
指標金利の種類	6

　ここでは、［Pricing］の17行目「商品の種類」欄に1（スワップ）と入力します。続いて18行目にスワップでの固定金利の向きを1（受取り）または−1（支払い）で指定します。20行目はスワップの固定金利を、21、22行目はスワップのスタート日、エンド日を年単位で入力します。ここでは、とりあえず次のように指定しておきましょう。

入力項目	入力値
商品の種類	1
固定金利の向き	−1
固定金利	0.025
スタート日	1
エンド日	3

　ここで、画面左側のマクロボタン「バックワード実行」を押すと、バックワード・インダクションによるスワップのプライシングが行われます（ワークシート［Backward］上にも同じ「バックワード実行」のマクロボタンがありますが、機能はまったく同じです）。画面がワークシート［Backward］に切り替わり、画面をいったんクリアした後で、計算結果が表示されていきます（ただし、Excel for Mac等のバージョンでは計算結果が即座に表示されてしまいますが）。
　スワップのプライシングでは、本文中にあるように、キャッシュフローを、金利決定日を基準にしてノードに計上します。いまの例では、

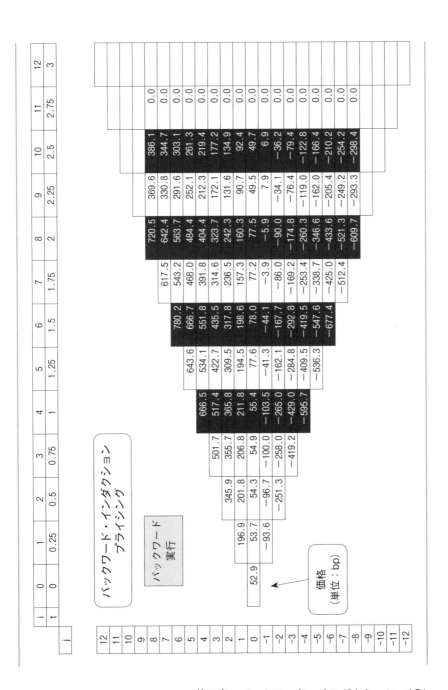

1年後スタート3年後エンドのスワップですから、金利決定日は1年後・1年半後・2年後・2年半後の合計4回となります（ここでは、指標金利の長さと付利期間が一致する商品のみを対象にしています）。計算結果画面をみて、この4回の時点におけるノードの数値が赤く表示されていることを確認してください（モノクロの本書ではセルの背景色を反転表示にしています）。このノードにスワップによるキャッシュフローが立っていることを示しています。

 では、計算結果を分析してみましょう。計算はツリーの後方、$i=11$（$t=2.75$）から始めます。このノード上は、価値がすべてゼロになっています。この時点は、最終金利決定日以降であるため、金利決定日ベースでキャッシュフローを計上する場合は、何も計上されないからです。

 次に、1ステップ手前の$i=10$（$t=2.5$）をみてください。ここは、このスワップの最後の金利決定日であり、キャッシュフローが計上されています。さらに1ステップ手前の$i=9$（$t=2.25$）では、$i=10$時点のノードの値をバックワードした結果が表示されます。時点が手前になっているため、全体的に数値が減少（ディスカウント）していることがわかります。この差は、Δtの長さに対応する価値の差（**タイム・ディケイ：Time Decay**）ということになります。

 もう1ステップ手前の$i=8$（$t=2.0$）をみてみましょう。ここは、3回目の金利決定日なので、$i=9$時点からのバックワードされた値に、さらに$i=8$で発生するキャッシュフローが加算されています。いまの場合、金利が上昇すれば受け取るキャッシュフローも増加するため、上のほうのノードほど、加算された値が大きいことがわかります（$i=9$時点に比べ、$i=8$時点の値が大幅に大きいことから）。

 このようにして、$i=0$（$t=0$）時点までバックワードしてきた値が、このスワップの現在価値となります。数値の単位は、スワップの想定

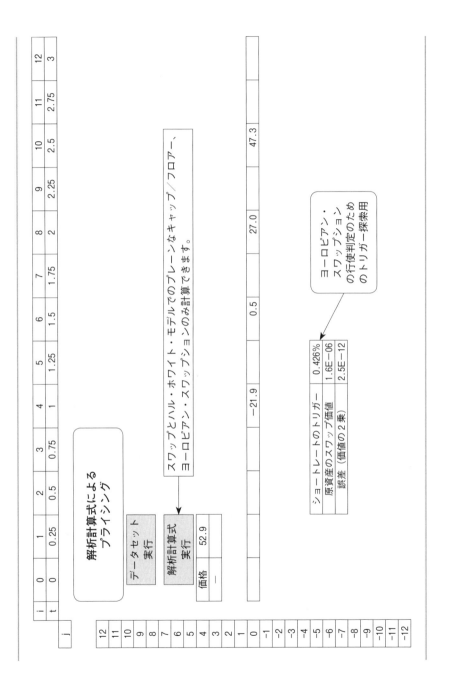

第5章 バックワード・インダクション

元本の比率bpで示されており、1万分の1が1bpになります。

　このバックワード・インダクションによるプライシングに対して、ワークシート［Analytical］では、第3章で紹介したマルチカーブのもとでの解析解を使った計算ができるようになっています（ただし、プレーン・バニラ・スワップ、および、ハル・ホワイト・モデルによるキャップ／フロアーとヨーロピアン・スワップションの計算のみです）。いま、画面左側のマクロボタン「解析計算式実行」を押すと、解析解によるスワップのプライシングが実行されます（ワークシート［Pricing］上にも同じ「解析計算式実行」のマクロボタンがありますが、機能はどちらも同じです）。そして、ワークシート［Analytical］の20行目にキャッシュフローごとの現在価値が、画面左側の「価格」欄にはスワップの現在価値（キャッシュフローの合計値）が瞬時に表示されます。このスワップの例では、バックワード・インダクション、解析解がともに52.9bpと値が一致することを確認することができます。

5　キャップ／フロアーのプライシング

　プレーン・バニラ・スワップのプライシングがわかったところで、今度はキャップ／フロアーを考えてみましょう。

　キャップは、これまでも出てきましたが、資金調達者が金利上昇リスクを回避するためのいわば保険であり、金利がある一定以上に高くなると、その負担の増加分をデリバティブの利益で補うことができるという商品でした。

図表5.8 想定するキャップのキャッシュフロー

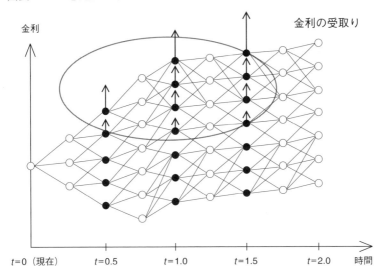

〈想定するキャップ〉

元　　本	10億円
期　　間	半年後スタート2年後まで
キャップレート	2.5%（固定）
指標金利	6カ月LIBOR
受払頻度	6カ月ごと

　さて、キャップの購入者（受益者）の立場に立って、各々のキャップレットのキャッシュフローを求めてみましょう。指標金利である6カ月LIBORがキャップレート2.5%を上回った場合にのみ、その差を受け取ることができるのですから、スワップのときと同じようにして、

図表5.9 想定するフロアーのキャッシュフロー

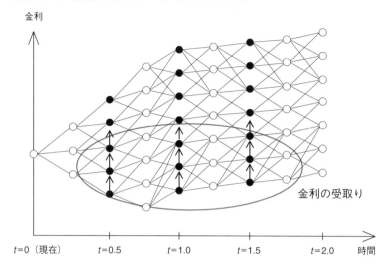

キャッシュフロー
＝元本×max{(6カ月$LIBOR$－2.5%), 0}×付利期間（単位：年）
　　　　　　　　　　　　　　　　　　　　　………(5.4)

となります。この式から、各ノード上のキャッシュフローを計算し、後はスワップのときと同様に現在価値化すればよいことになります。この場合も金利決定日にキャッシュフローが確定するので、金利決定日ベースで計算します（OISレートに基づく割引債価格を掛けるのを忘れないでください）。

フロアーは、キャップの反対として考えることができ、資金運用者が金利低下リスクを回避する保険的商品です。この場合のキャッシュフローは次のとおりです（キャップと同条件、フロアーレート2.5%）。

キャッシュフロー
＝元本×max{(2.5%－6カ月$LIBOR$), 0}×付利期間（単位：年）

この式をもとに、ノード上のキャッシュフローを求め、キャップと同様にしてプライシングを行えばよいことになります。

EXCEL コーナー　キャップ／フロアーのプライシング

では、キャップ／フロアーのプライシングを行います。ワークシート［Pricing］の17行目「商品の種類」欄に2を指定すると、キャップ／フロアーが対象になります。この2を指定するとその下の18行目で、キャップ／フロアーのいずれかを指定することになります（キャップ：－1、フロアー：1）。また、20行目「固定金利」欄が「キャップ／フロアーレート」欄に変わります。ここでは、次のように指定してください。

入力項目	入力値
金利期間構造モデル	1
指標金利の種類	6
商品の種類	2
キャップ／フロアー	－1
キャップ／フロアーレート	0.025
スタート日	1
エンド日	3

ここで、（指標金利をあらかじめ求めてから）マクロボタン「バックワード実行」を押すと、このキャップが計算されます。

さて、計算結果を先ほどのスワップの場合と比較してみましょう。計算方法は同じバックワード・インダクションですから、ほとんど変わりません。異なるのは、式 (5.4) によるそれぞれのキャッシュフ

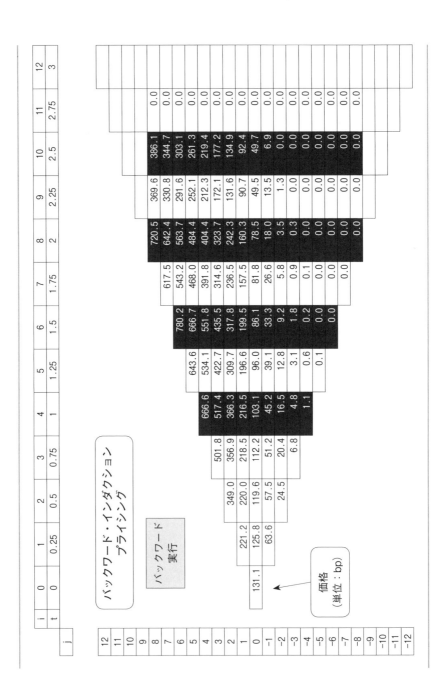

ローのみです。キャップでは、キャップレートが指標金利よりも大きくなった場合、キャッシュフローが負（支払い）とはならずゼロになります。プライシング時にはこの違いだけが現れてきます。$i=10$（$t=2.5$）時点の結果をみると、下のほうの値がゼロになっていることがわかります。スワップのときには、ここに負の値が表示されていたことを思い出してください。こうして、正のキャッシュフローのみを対象として、バックワードを行うことによって$t=0$時点でキャップの現在価値が求められます。

フロアーの場合も、この逆で考えることができます。「キャップ／フロアー」欄を今度は1（フロアー）にして、再度「バックワード実行」を押してみましょう。計算結果をみると、キャップとは反対にツリーの上方でキャッシュフローがゼロになっていることがわかります。

入力項目	入力値
キャップ／フロアー	1

このように、キャップ／フロアーとスワップの違いは、ゼロ以下のキャッシュフローの取扱い方が異なるという点のみであり、これを除いて考えると、キャップはスワップの固定金利支払いに対応し、フロアーは固定金利受取りに対応していることがわかります。このため、バックワード・インダクションのプライシングでは、キャッシュフローの計算式を変えるだけで計算できます。

さて、ここで、スワップのときと同様に、ワークシート［Analytical］を使って解析解も計算してみましょう。先ほどと同様に、ワークシート［Pricing］で商品の設定を行った後に、マクロボタン「解析計算式実行」を押すだけで計算できます。ワークシート［Analytical］では、キャップ／フロアーの価格だけでなく、各キャップレット／フロアーレットの価格も20行目に表示されます。

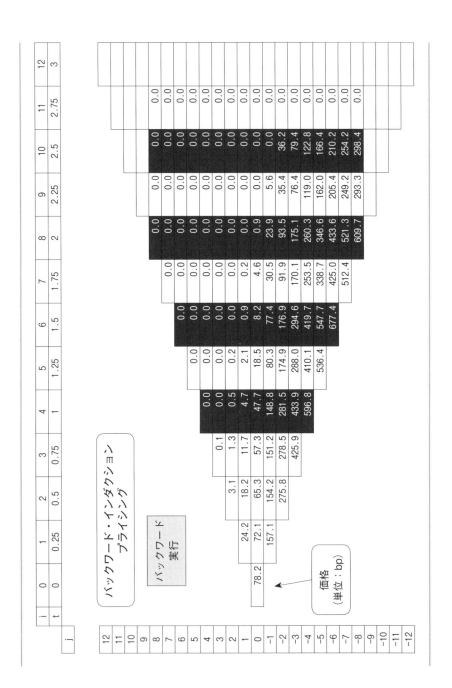

バックワード・インダクション
プライシング

バックワード
実行

価格
（単位：bp）

商品	プライシング	MとVの式	価格 (bp)
キャップ	バックワード・インダクション	近似式 (4.4)	131.1
		より正確な式 (B.3)	130.2
	解析解	―	129.3
フロアー	バックワード・インダクション	近似式 (4.4)	78.2
		より正確な式 (B.3)	77.3
	解析解	―	76.4

　こうして、このキャップとフロアーに対して計算された「バックワード実行」の結果と「解析計算式実行」の結果を整理すると次のようになります（MとVの式の選択についてはワークシート［Def］内の「MとVの選択」欄に近似式（4.4）の場合は 0、より正確な式（B.3）の場合は 1 を設定したうえでマクロボタン「データセット実行」「アルファ計算」「指標金利計算実行」を押してください）。

　スワップの場合と異なり、キャップ、フロアーともに若干の差異が生じています。これは、スワップのようにキャッシュフローの値が金利に対して線形の場合には、（ヒストグラムのような）離散化されたノード上の値と（線グラフのような）連続的な理論値との間に差異はほとんど生じませんが、キャップ／フロアーのようにゼロ以下のキャッシュフローの値をゼロとするような非線形の場合には、ノード上のキャッシュフローの価値が図表Ｅ５．７のようにAからBに変わることにより、離散的な場合と連続的な場合とで、ゼロの起点の位置の認識にずれが生じてしまうのです。

　理論的には、Cのノード上の値は $\left[r_{j=-1}-\dfrac{\Delta r}{2}, r_{j=-1}+\dfrac{\Delta r}{2}\right]$ の間の平均値になりますので、キャッシュフローの連続的な理論値をショートレートの関数 $G(r)$ とすると、

図表E5.2　時点 $t=2.5$ におけるノード上のスワップとキャップレットの違い

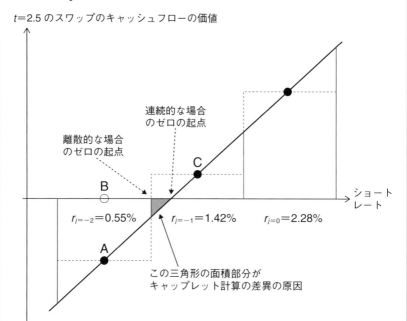

$$C = \frac{1}{\Delta r} \int_{r_j - \frac{\Delta r}{2}}^{r_j + \frac{\Delta r}{2}} G(r) dr$$

と表せます。ここで、連続的な場合のゼロの起点を r_* と置くと、図表E5.7の三角形の面積部分である $\int_{r_j - \frac{\Delta r}{2}}^{r_*} G(r) dr$ が負の値ですので、それが結果的に、ツリーによるキャップの価格と解析解との差異として現れています。もし、$G(r)$ と r_* をうまく推定することができれば、C のノード上の値を $C = \frac{1}{\Delta r} \int_{r_*}^{r_j + \frac{\Delta r}{2}} G(r) dr$ と修正することによって、その差異を是正することができます。

なお、MとVの式の違いによる差異は、ツリーを構築するときのショートレートの変化に対する期待値と分散の精度の違いからきています。より正確な式（B.3）にすれば、計算結果のとおり、解析解に近づきます。

6 ヨーロピアン・スワップションのプライシング

スワップションは、スワップ取引を実行する権利の売買ですが、ここでは権利行使が一度しかないヨーロピアン・タイプを取り扱うことにしましょう。

プレーン・バニラ・スワップやキャップ／フロアーでは、原資産は金利そのものでした。つまり、金利が変動した分がそのままキャッシュフローとなって現れるわけです。このため、プライシングを行う際には、まず各ノード上のキャッシュフローを算出し、これを現在価値化すればいいことになります。

一方、スワップションは同じ金利デリバティブであるわけですが、原資産はスワップです。言い換えればスワップの価値の変化が、スワップションの価格の変化として現れてきます。このため、プライシングを行うためには、各ノード上のキャッシュフローをバックワードするのではなく、各ノード上における（キャッシュフローの集合体である）スワップの価値をバックワードする、ということになります。このノード上のスワップの価値というのは、先ほど述べた通常のプレーン・バニラ・スワップのプライシングで求めます。このように2段構えの構造になっていることを理解してください。

図表5.10 権利行使日 $t=1.0$ におけるスワップの価値の計算

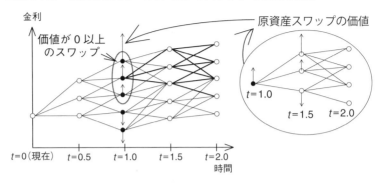

〈想定するヨーロピアン・スワップション（ペイヤースワップション）〉

```
元　　本：10億円
権利行使日：取引日から1年後
原資産スワップ：1年後スタート2年後まで
支払金利：2.5％（固定）
受取金利：6カ月LIBOR
受払頻度：固定金利、変動金利ともに6カ月ごと
```

　ヨーロピアン・スワップションのイメージを図表5.10に示します。この図の左側は、これまでと同じツリーの全体像です。いまの事例では、権利行使日が1年後となっていますので、$t=1.0$ のノードで権利行使が起こります（図表5.10中の●のノード）。図表5.10の右側にはこの権利行使日のノードから枝分かれした、1年分の小さなツリーが示されています（このようなツリーを「**部分木**」と呼びます）。この部分木は、1年後の権利行使日における1つのノードからみた、その後1年間の金利の過程を表しています。

　この部分木を用いて、このノードからみた1年間のスワップ（つまり原資産）が評価できるのです。このため、権利行使日におけるすべてのノードについて、その原資産の価値（注：この価値は $t=1.0$ における価値であり、

$t=0$ における現在価値ではない）を、部分木を用いて計算します。この原資産の価値を図表 5 .10（左側）のノード上の矢印で表現しています（図表 5 .10中左側の矢印はスワップの価値を示しており、これまでのようなキャッシュフローではないことに注意してください）。ただし、この部分木によるスワップの計算は、プレーン・バニラ・スワップのプライシングを行ったときのように、ツリー全体のバックワードを $t=1.0$ 時点まで行えば、一度に計算できます。このような考え方は指標金利の計算のときにも行われていますので、再確認してください。

　このようにして、権利行使日における各ノードからみた原資産の価値が求められました。スワップションの購入者は、この権利行使時点において、原資産であるスワップを「実行する／しない」を決める権利を有しています。そして、このスワップの価値が正であるときは必ず権利行使を行い、反対に価値が負であれば権利を放棄するでしょう。なぜなら、もし権利行使日において、スワップの価値が正であるにもかかわらず、スワップを実行する必要がなくなったとしても、行使をした直後に受払いが逆のスワップを実勢レートで約定すれば、利益を得ることができるからです。つまり、よほど特別な事情がない限り、このように原資産スワップの価値が正か負かによって、権利行使／不行使の判断がなされるはずです。

　このことから、先ほどの図表 5 .10の●ノードのうち、スワップの価値が正のノードのみを当該スワップションの価値の対象とし、負の値をもつノードは、行使されずにすべてゼロとみなしてよいことになります。このようにして求められたスワップションの正の価値を現在時点（$t=0$）までバックワードすれば、スワップションの価格を求めることができます。

　以上で、比較的単純な仕組みをもった金利デリバティブのプライシングを、バックワード・インダクションによって求める方法を学びました。次章では、ツリーを使ったもう 1 つのプライシング方法である、モンテカルロ・シミュレーションについてみていくことにしましょう。

ヨーロピアン・スワップションのプライシング

　では、ヨーロピアン・スワップションのプライシングを実際に行ってみましょう。このプライシングツールでは、第 7 章で取り上げるバミューダン・スワップションも計算できるようになっています。ヨーロピアン・スワップションは、権利行使日が 1 つのバミューダン・スワップションとして計算します。

　そこで、ヨーロピアン・スワップションを指定するためにワークシート［Pricing］を次のように設定してください。

［Pricing］

入力項目	入力値
金利期間構造モデル	1
指標金利の種類	6
商品の種類	3
権利行使回数	1
Fixed Tenor/Maturity	2

　ここでは、権利行使が行われたら、その時点で直ちにスワップがスタートする場合のみを考えます（権利行使日＝スワップのスタート日）。そのため、スタート日の欄には権利行使日を入力し、エンド日にはスワップの終了日を指定します。ここでは、次のように指定してください。

入力項目	入力値
固定金利の向き	－1
固定金利	0.025
スタート日	1.5
エンド日	3

　ヨーロピアン・スワップションの原資産はスワップですから、本文でも述べたように、まず権利行使日の各ノードにおけるスワップの価値を計算しなければなりません。そこで、マクロボタン「バックワード実行」を押すと、権利行使時点 $t=1.5$ までは普通のプレーン・バニラ・スワップ（ここでは2.5％の固定金利支払いのスワップ）のプライシングと同じ方法で、原資産のスワップの価値を計算しています。計算結果画面の数値は、スワップのときと同じように、発生するキャッシュフローをバックワードした結果を示しています（画面では、緑色にカラー表示されますので確認してみてください）。

　このようにバックワードを繰り返し、ノードが権利行使日（$t=1.5$）まできたら、権利行使日における各ノード上のスワップの価値が求められたことになります。本文中の部分木の考え方から、$t=1.5$時点までバックワードした結果を個々のノードからみた原資産スワップの価値としてよいわけです。

　こうして、権利行使日における原資産スワップの価値が求められたので、ここでの権利行使の有無を考え、$t=1.5$時点において価値がゼロ以上の原資産のみをスワップションの価値として計上できるのです。このため、キャップ／フロアーのときと同様に、$t=1.5$時点において価値が負のノードをゼロに置き換え、今度はこの「スワップの価値」をバックワードします。計算結果画面の $t=1.5$ 時点より手前のノードでは、この置換え後のスワップの価値が表示されています。これを時

バックワード・インダクション プライシング

バックワード 実行

価格 (単位:bp)

i	0	1	2	3	4	5	6	7	8	9	10	11	12
t	0	0.25	0.5	0.75	1	1.25	1.5	1.75	2	2.25	2.5	2.75	3

j													
12													
11													
10													
9													
8									720.5	369.6	386.1	0.0	
7								617.5	642.4	330.8	344.7	0.0	
6							**780.2**	543.2	563.7	291.6	303.1	0.0	
5						643.6	**666.7**	468.0	484.4	252.1	261.3	0.0	
4					517.3	534.1	**551.8**	391.8	404.4	212.3	219.4	0.0	
3				398.9	410.6	422.7	**435.5**	314.6	323.7	172.1	177.2	0.0	
2			287.5	294.3	301.7	309.5	**317.8**	236.5	242.3	131.6	134.9	0.0	
1		187.7	188.7	190.0	191.8	194.5	**198.6**	157.3	160.3	90.7	92.4	0.0	
0	109.4	105.8	101.5	96.7	91.2	84.9	**78.0**	77.2	77.5	49.5	49.7	0.0	
-1		46.9	40.5	33.2	24.6	14.0	0.0	-3.9	-5.9	7.9	6.9	0.0	
-2			10.9	6.6	2.7	0.0	0.0	-86.0	-90.0	-34.1	-36.2	0.0	
-3				0.6	0.0	0.0	0.0	-169.2	-174.8	-76.4	-79.4	0.0	
-4					0.0	0.0	0.0	-253.4	-260.3	-119.0	-122.8	0.0	
-5						0.0	0.0	-338.7	-346.6	-162.0	-166.4	0.0	
-6							0.0	-425.0	-433.6	-205.4	-210.2	0.0	
-7								-512.4	-521.3	-249.2	-254.2	0.0	
-8									-609.7	-293.3	-298.4	0.0	
-9													
-10													
-11													
-12													

点 $t = 0$ までバックワードした結果が、ヨーロピアン・スワップション の現在価値になります。

　このようにして求められた値を、解析解や近似計算と比べてみましょう。ワークシート［Analytical］を指定しますと、下のほうにヨーロピアン・スワップション用として「ショートレートのトリガー」「原資産のスワップ価値」「誤差（価値の2乗）」の3つの欄がみえます。これは、権利行使時点での各割引債価格に共通する行使判定用のショートレートを推定するためのものです。マクロボタン「解析計算式実行」を押しますと、解析解を計算する前に、自動的に（ゴールシークの設定で、数式入力セル：「原資産のスワップ価値」欄、目標値：0、変化させるセル：「ショートレートのトリガー」欄と設定して）ゴールシークを実行します。ただし、ゴールシークは精度がそれほどよくないために、解が見つからないこともあります（そのような場合やエラーが出てしまうような場合は、「ショートレートのトリガー」欄に1％などの違う値を入力し、「ゴールシーク」で数式入力セル：H26、目標値：0、変化させるセル：H25と設定してゴールシークを実行したうえで再度マクロボタン「データセット実行」「解析計算式実行」を押して再計算してみてください）。もし、EXCELにソルバーがアドインされていたら、マクロボタン「解析計算式実行」を押す前にソルバーのパラメータ設定ダイアログボックスで目的セル：「誤差（価値の2乗）」欄（セル番号［H27］）、目標値：最小値、変数セル：「ショートレートのトリガー」欄（セル番号［H25］）と設定し、ソルバーを実行したうえでマクロボタン「データセット実行」を押しておくことをお勧めします。

　また、20行目にはスワップションを理論的に分解した各オプションの価値も表示されます。スワップションでは、画面左側の「価格」欄に解析解による現在価値が表示されるのに加えて、同じく第3章で紹介した、トリガー探索を要しない近似計算の結果も「近似」欄に表示

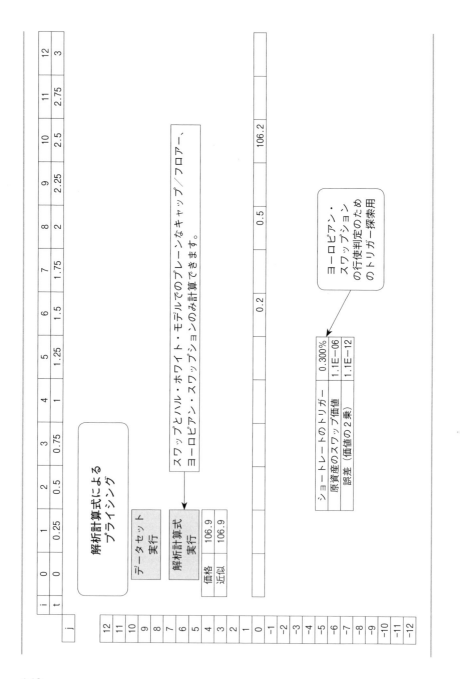

解析計算式によるプライシング

i	0	1	2	3	4	5	6	7	8	9	10	11	12
t	0	0.25	0.5	0.75	1	1.25	1.5	1.75	2	2.25	2.5	2.75	3

データセット 実行

解析計算式 実行

価格	106.9
近似	106.9

スワップとハル・ホワイト・モデルでのプレーンなキャップ/フロアー、ヨーロピアン・スワップションのみ計算できます。

j	
12	
11	
10	
9	
8	
7	
6	
5	
4	
3	
2	
1	
0	106.2
-1	
-2	
-3	
-4	0.5
-5	
-6	
-7	0.2
-8	
-9	
-10	
-11	
-12	

ショートレートのトリガー	0.300%
原資産のスワップ価値	1.1E-06
誤差（価値の2乗）	1.1E-12

ヨーロピアン・スワップションの行使判定のためのトリガー探索用

されます。

　計算の結果、このペイヤースワップションの価格は次のようになります（金利幅hはワークシート［Def］内の「h」欄に数字を入力したうえでマクロボタン「データセット実行」「アルファ計算」「指標金利計算実行」を押してください）。

プライシング	金利幅（h）	MとVの式	価格（bp）
バックワード・インダクション	通常の金利幅（$h=3$）	近似式（4.4）	109.4
		より正確な式（B.3）	108.8
	細かめの金利幅（$h=2$）	近似式（4.4）	108.6
		より正確な式（B.3）	107.9
	粗めの金利幅（$h=4$）	近似式（4.4）	109.9
		より正確な式（B.3）	109.3
解析解	—	—	106.9
近似計算	—	—	106.9

　解析解との差異は、$t=1.5$時点において価値が負のノードを0に置き換えるという、金利に対する価値の非線形性によるものですが、キャッシュフローの合計である原資産スワップの価値に対して行われているため、価格の差異がキャップ／フロアーのとき以上に大きくなっています。このような価格の差異は、権利行使時点におけるノードの密度を高めることで小さくすることが可能です。このツリーの金利の間隔$\Delta r(=\Delta x)$は、ワークシート［Def］の係数hの値に依存していることから、hを大きくすると金利幅を粗めに、小さくすると細かめというように、ノードの密度を変えることができます。hを4にすると解析解との差異が若干広がり、hを2に小さくすると差異も小さくなることが確認できます（ただし、ノードの密度を高めることにより、j_{max}が大きくなりますが、本EXCELシートではj_{max}が12までしか対応できな

いので注意してください)。MとVの式の違いによる差異は、キャップ／フロアーのときと同様に、より正確な式（B.3）にすることで解析解に近づきます。

　トリガー探索を要しない近似計算については、ゴールシークやソルバーといった値の探索機能を使うことなく、解析解とほとんど変わらない精度で計算できることを結果から確認できました。

第6章

モンテカルロ・シミュレーション

　前章では、ツリーの終端から時間をさかのぼるバックワード・インダクションを取り上げました。本章では、乱数シミュレーションとして知られているモンテカルロ・シミュレーションを、ツリーを使って行う方法について取り上げます。

1 モンテカルロ・シミュレーションの考え方

　通常、サイコロを振ると、そのサイコロに細工があったり、ゆがんでいたりしない限り、どんな目が出るかは振ってみなければわかりません。また、ルーレットでも、玉が止まるまではどの数字に入るかわからないのが普通です。しかし、何度も繰り返しサイコロを振ったり、ルーレットを回せば、どの数字も同じくらいの頻度で出てくることはだれもが聞いたことのある話だと思います。これは、一度きりの試行では結果を予測することはできないけれども、試行回数を増やしていけば、その事象の発生した回数の比率がその事象の起こる確率に近づいていくという「**ベルヌーイの大数の法則**」と呼ばれる性質があるからです。いうなれば、試行回数を増やすことによって、その事象の発生確率を予測できるということになります。

　モンテカルロ・シミュレーションとは、乱数を使って、無作為な試行（シミュレーション）を繰り返し、その期待値を推定する手法をいいます。**乱数**（Random number）とは、ゆがみのまったくないサイコロを振るときのように、完全に予測不可能な数値で、数学で定義されている確率変数を具現化したものです。「モンテカルロ」とは、カジノやカーレースで有名なモナコ公国の都市の名で、モンテカルロ・シミュレーションという名称は、第二次世界大戦中、連合国の乱数を用いたプロジェクトに使われたコードネームに由来しています。

　金利デリバティブのプライシングにも、このモンテカルロ・シミュレーションを用いることができます。第4章で、私たちは将来の金利の過程を表す確率微分方程式をツリー構築のため離散化していました。

$$r_{i+1} - r_i = (\hat{\theta}(i\Delta t) - ar_i)\Delta t + \sigma \Delta W_i$$

　ここで、標準ブラウン運動の時間変化に伴う増分ΔW_iは、第1章で触れたように平均0、分散Δtの正規分布に従うので、標準正規乱数ε_{i+1}を使うこと

で、次の時点におけるショートレートの値は、

$$r_{i+1} = r_i + (\hat{\theta}(i\Delta t) - ar_i)\Delta t + \sigma\varepsilon_{i+1}\sqrt{\Delta t}$$

と表せます。ここで、標準正規乱数とは、平均0、分散1である標準正規分布に従う乱数のことです。ただし、第4章のツリーではα（ショートレートの期待値）を使って$\hat{\theta}(t)$にうまく対応しましたが（式（4.13）参照）、モンテカルロ・シミュレーションでは、一般的に巻末の付録Bにあるショートレートr_tの条件付期待値の式（B.4）と条件付分散の式（B.5）を使い、次の平均μ、分散v^2をもつ正規乱数を次の時点におけるショートレートの値として扱います。

$$r_{i+1} = \mu + v\varepsilon_{i+1} \quad \cdots\cdots(6.1)$$
$$\mu = f_{0,(i+1)\Delta t} + e^{-a\Delta t} \cdot (r_i - f_{0,i\Delta t}) + \frac{\sigma^2}{2a^2}(1 - e^{-a\Delta t} + e^{-2a(i+1)\Delta t} - e^{-a(2i+1)\Delta t})$$
$$v = \sigma\sqrt{\frac{1}{2a}(1 - e^{-2a\Delta t})}$$

　乱数の生成には、ゆがみのないサイコロを振る作業を行えば実現可能ですが、コンピュータ上で得ることは基本的に不可能です。現在のコンピュータは、すべてにおいて確定的な処理しか行うことができません。乱数のように、予測不可能な数値をCPU（演算装置）がつくりだせないからです。もし、これを無理やり行うならば、たとえば自然界に存在するランダムな現象（放射性物質の核分裂など）を検出する装置を接続すれば可能ですが、現実的ではありません。このためコンピュータ上では、この乱数に似た性質をもつ、ある確定的な数列を用意する必要があります。この数列を**擬似乱数列**（**Pseudo random sequence**）と呼びます。擬似乱数列は、一定の周期をもった確定的な循環数列であり、本質的に乱数ではありません。しかし、うまくパラメータを設定すると、この周期が非常に長くなり、また数列の一部をみると、乱数のような振る舞いをしています。通常のコンピュータでは、この擬似乱数を生成する関数が標準で用意されています。

この擬似乱数生成関数は、0以上1未満の実数（実際には、コンピュータで取り扱うことのできる最小の単位まで）を一様に生成します。このような実数区間上の値をとる一様分布に従う乱数を**一様乱数**（Uniform random number）と呼びます。この一様乱数列は、考えている範囲のあらゆる値を等確率でとる確率変数の具現値といえます。通常のコンピュータで用意されている生成関数は、この一様乱数を生成します。一様分布以外の分布に従う乱数は、通常、一様乱数になんらかの変換を行って作成します。一様乱数から標準正規乱数への変換方法としては、極座標を使って変換する方法が一般的ですが、逆関数を使った方法等、分布の特徴を利用した方法もあります（EXCELでは標準正規分布の逆関数NORMSINVが提供されているので、このNORMSINV関数にコンピュータから生成されるEXCELのRAND関数やVBAのRnd関数等の一様乱数を引数として入力するだけで簡単に標準正規乱数に変換できます）。

　こうして、乱数（正確には擬似乱数）を使って、式（6.1）に従う金利の動きを試行することができます。そして、1回の試行ではその経路の発生確率はまったく予測できないのですが、この試行を何回も繰り返すことによって発生確率が予測でき、期待値を得ることができるというわけです。

　一方、時点 $t = 0$ からの（OISレートに基づく）金利の経路が決定されれば、（第5章で示したように時点ゼロにおけるOISレートに基づくディスカウント・ファクターとLIBORに基づくディスカウント・ファクターの比率を用いて）デリバティブのキャッシュフローが決定でき、そこから、その経路をたどった場合のデリバティブの価値が計算できます。上記の話から、1種類の経路だけではその価値は特定のシナリオのケースを示しているにすぎませんが、何種類もの経路を試行すれば、確率微分方程式によって表された金利の過程に基づくデリバティブの価値の（現時点の金利からスタートする $x_0 = r$ の条件付き）期待値が求められるのです。

$$E[f(x_1,\cdots,x_m)\,|\,x_0=r] = \sum_{j=1}^{N}\frac{1}{N}f(x_{1,j},\cdots,x_{m,j})\bigg|_{x_0=r}$$

$x_{i,j}$：j回目の時点iの金利

$f(x_{1,j},\cdots,x_{m,j})$：$j$回目のデリバティブの価値

m：経路の最終時点

N：経路の試行回数（$\frac{1}{N}$は発生確率）

では、なぜこのような方法を用いてプライシングをしなければならないのでしょうか。金利期間構造を含んだ金利の過程をツリーによって表現することにより、解析解を求めることが困難な複雑な商品のプライシングができるようになります。このときのプライシング手法としてバックワード・インダクションがありますが、デリバティブの商品性によっては、これでもプライシングができないケースがあり、このため、モンテカルロ・シミュレーションが用いられるのです。

ケース	商品タイプ
バックワード・インダクションが苦手とするもの	金利の経路に依存するタイプの商品（経路依存型デリバティブ）
モンテカルロ・シミュレーションが苦手とするもの	アメリカン／バミューダン・タイプ（権利行使日が複数あるオプション）

このように、複雑な商品になればそのプライシング方法もおのずと決まってきますが、これらのプライシングについては、次章で述べることとして、本章ではモンテカルロ・シミュレーションの基本的手法について解説します。そのために、再度プレーン・バニラ・スワップのプライシングを取り上げることにしましょう。

2　ツリーによるシミュレーション

　金利のシミュレーションを行うのに、前節では確率微分方程式に基づく条件付期待値と条件付分散をもつ正規乱数を用いる方法を簡単に紹介しました。しかしながら、私たちは確率微分方程式に基づき、将来の金利の過程をマーケットに整合的に表現しているツリーという効率のよい道具をすでにもっています。モンテカルロ・シミュレーションにおいても、このツリーを使わない手はありません。

　このツリーでは、各ノードが次の時点の3つのノードに接続されており、どのノードにどの程度の確率で推移するのかが、あらかじめわかっています。これにより、このツリー上で先ほど触れたコンピュータから生成された一様乱数を図表6.1のように、それぞれのノード間の推移確率に対応させることによって、ツリー構築の際に求めた推移確率どおりの金利の経路をシミュレーションすることができます。このように1つの乱数を生成して、その値に応じて次のノードを決定し、この作業をツリーの終わりまで繰り返すことによって、1回分の金利の経路が定まります。

　こうした方法は、一般的な方法と異なり、とりうる金利の値がノード上のものに限定されますが、ツリーによって、比較的少ない試行回数でも想定ど

図表6.1　1期間のツリーの推移確率に対応した一様乱数

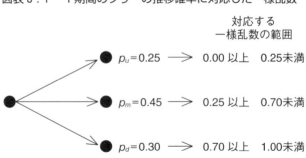

おりに分布することが保証されるという特典があるのです。

3　1つの経路における価値の算出

　次は、乱数によって指定された経路（これをパス（Path）と呼びます）におけるデリバティブの価値を算出しなければなりません。この方法は、バックワード・インダクションと基本的には同じですが、バックワードと異なり、1つの経路がすでに決定しているので、ノード間の確率を1とみなしてよいことになります。

　価値の算出の前半は、ノード上のキャッシュフローを計算することでした。モンテカルロ・シミュレーションでは前方のノードから順番にみていきます。経路に沿ったノード上でキャッシュフローが発生したら、その値を計算しノードに記憶しておきます。このときの計算方法はバックワード・インダクションのときと同じです。そして、最後のノードまで達したら、この経路におけるすべてのキャッシュフローが求められたことになります。プレーン・バニラ・スワップで考えると、図表6.2のようになります。

　ここで、キャッシュフローの計算をするときの指標金利はどのように指定するのでしょうか。結論からいうと、バックワード・インダクションの場合と同じ方法で求めます。これは一見矛盾するようにもみえます。つまり、経路が決定しているにもかかわらず、指標金利の計算には推移確率を加味した部分木によるバックワードで求めているからです（図表6.3参照）。

　これは、指標金利はあくまで金利決定時でのOISレートに基づく割引債価格（条件付期待値）から導かれるLIBORであり、その時点以降に金利がどのような経路をたどるかは指標金利の決定には無関係であるためです。言い換えれば、金利がその後どのような経路をたどるとしても、キャッシュフローを決定するのは、各時点における条件付期待値（部分木を用いた計算）であるということです。この点を混同しないように注意する必要があります。

図表6.2 プレーン・バニラ・スワップの1回の経路の例

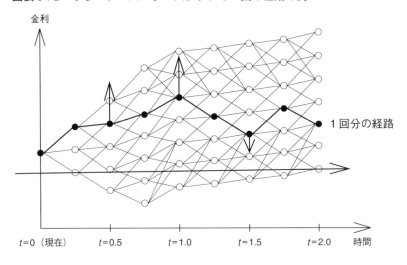

図表6.3 モンテカルロ・シミュレーションにおける指標金利の計算

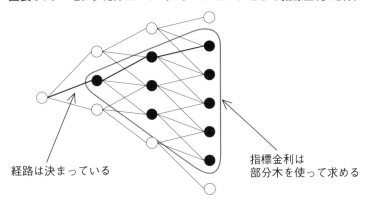

　後半は、こうして求められたキャッシュフロー全体の現在価値を求めることです。このためには、ノードを1ステップずつバックワードしていけばよいのですが、第5章の式（5.1）とは異なり、乱数によって指定された経路により、ノード間の枝が1本で確率が1であることを考慮しなければなりません。

図表6.4 モンテカルロ・シミュレーションにおける時点（$i+1$）のキャッシュフローに対する時点iの価値

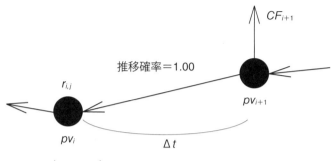

$pv_i = \exp(-r_{i,j} \cdot \Delta t) \cdot CF_{i+1}$

図表6.5 モンテカルロ・シミュレーションにおける時点（$i+1$）のキャッシュフローに対する時点（$i-1$）の価値

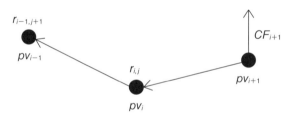

$pv_{i-1} = pv_i \cdot \exp(-r_{i-1,j+1} \cdot \Delta t)$

こうして、現在時点までバックワードすれば、この経路についての価値が求められたことになります。

4　デリバティブの価格

1回の経路の価値が求められれば、あとはこれを繰り返して、デリバティブの価格を求めることができます。乱数で複数の経路をつくった場合、それぞれがバラバラの価値を示しますが、最初に述べたように繰り返し回数を増やすことによって、その価値の平均値がツリー全体の期待値に近づいていき

ます。このとき、試行をどの程度の回数繰り返すかということが重要な問題となりますが、これはノードの数や商品によって異なるため、ここで、はっきり決めることはできません。このため、平均値の収束状況（平均値がある一定の値に近づいていく状況）や、許容できる誤差の大きさ（標準偏差）などを考慮して、回数を決定することになります。

本書の学習用EXCELシートではノード数がかなり少なくなっていますので、比較的少ない回数で収束しますが、本格的なシステムの場合、数万回〜数十万回という計算を行わなければならないこともあります。

いずれにしても、バックワード・インダクションでは１回で確定的な値が得られるのに対して、モンテカルロ・シミュレーションは収束値を求める手法であり、どの段階で計算を終了させるかは、計算条件と使用者の判断に任されることになります。

EXCEL コーナー　モンテカルロ・シミュレーションによるプライシング

　ここでは、ツリーを使ったモンテカルロ・シミュレーションを実際に行ってみましょう。ここでプライシングする商品はプレーン・バニラ・スワップです。まず、ワークシート［Def］および［Pricing］で次のように設定し、マクロボタン「データセット実行」「アルファ計算」「指標金利計算実行」を押して計算条件に合った指標金利をあらかじめ求めておきます。

[Def]

入力項目	入力値
a	0.1
σ	0.01
Δt	0.25
h	3
MとVの選択	0

[Pricing]

入力項目	入力値
金利期間構造モデル	1
指標金利の種類	6
商品の種類	1
固定金利の向き	−1
固定金利	0.025
スタート日	1
エンド日	3
ラチェット	0
モンテカルロ回数	1,000
負相関変量法	0
乱数の初期値	1

　ラチェット・負相関変量法については後ほど出てきますので、とりあえず上記のように指定してください。モンテカルロ回数は、シミュレーションを何回行うかを指します。10,000回以下の整数を入力してください。なお、回数が多い場合は計算時間をかなり要しますが、途中で中断することもできます（中断方法：［ESC］キーを押す）。

　乱数の初期値とは、コンピュータが生成する乱数（擬似乱数）に必

要な値です。本来、乱数はどのような結果が出るか予測できないはずですが、ここで決まった値を初期値として指定しておけば、毎回同じ系列の乱数が得られるので、一度求めた計算結果を再度求める必要がある場合などに、この値を指定しておくと便利です（これを再現性があるといいます）。なお、ここでゼロを指定すると、毎回異なる乱数を生成し、再現性がなくなります。

　では、マクロボタン「モンテカルロ実行」を押してみましょう。画面がワークシート［MonteCarlo］に変わり、画面クリア後に計算を開始します。このワークシートには、ツリーが２つ表示されていますが、別々のツリーがあるわけではないことに注意してください。画面右側のツリーには、１回ごとにどの経路を通ったかが瞬間的に表示されるようになっています（ただし、Excel for Mac等のバージョンでは最終経路のみが表示されます）。これをみると、乱数による経路の決定とはどういうことなのか、よく理解できると思います。画面左側のツリーには、試行を繰り返すことによって、どのノードを何回通過したか、その累計が示されるようになっています。また、時点 $t = 0$ のノードは必ず通りますので、ここをみれば、計算途中でもいまが何回目の試行であるのかがわかります（ただし、Excel for Mac等のバージョンでは最終的な回数の累計値のみが表示されます）。

　さて、１つの経路に対して１つの価値が求められることは、本文中ですでに述べました。この経路の価値が画面左上に表示されます（「価値」欄）。ここをみると、経路が一つひとつ決まるたびに違った数値が出ていることがわかります（ただし、こちらもExcel for Mac等のバージョンでは最終経路の価値のみが表示されてしまいますが）。つまり、乱数で指定された一つひとつの経路で算出した価値は、１回の試行ではまったく意味をなさないものであるということが実感できるでしょう。そこで、何回も経路を計算し、それによって期待値を求めようとする

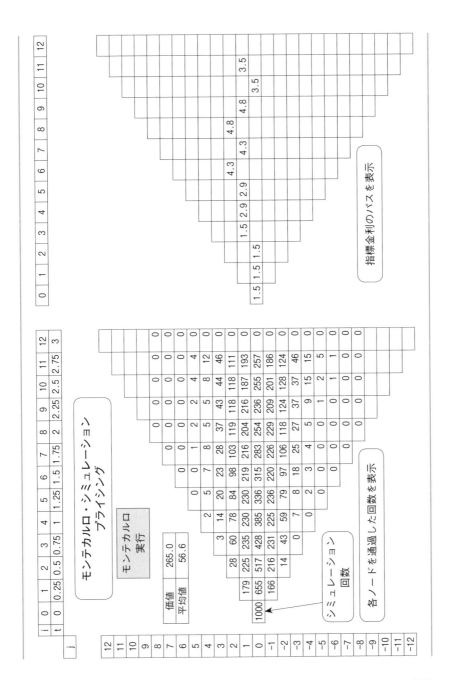

第6章 モンテカルロ・シミュレーション

わけです。同じ画面左上の「平均値」欄には、試行が終わった段階までの価値の平均が表示されます。シミュレーションを開始したばかりの段階では、この値も毎回大きくぶれてしまいます。ところが、試行を重ねていくと、この平均値がある落ち着いた値に近づいていくことがおわかりいただけると思います。これがまさに「大数の法則」であり、これによって対象商品の期待値となるわけです。

では、この平均値がどのように収束していくのかをみてみることにしましょう。計算がすでに終わっていれば結構ですが、もしまだ終わっていなければ、[ESC] キーを押して、中断してもかまいません（ただし、最低でも500回程度までは実行してください）。そこで、ワークシート [MC_Result] を指定します。このワークシートでは、先ほどの試行によって得られた価値とそこまでの平均値がB、C列に記録されています。その右側には、試行回数とそこまでの価値の平均値との関係を示したグラフが表示されています。このグラフをみると、試行回数が少ないうちは値がかなりぶれていますが、回数が増えるに従って、次第に落ち着いてくる（収束する）のがわかるでしょう。こうして、平均値のぶれが許容できる誤差の範囲内に収まったところで、これを対象商品の価格とみなすことができるのです。

あらためて [MonteCarlo] に戻ってください。画面左側のツリーには、それぞれのノードを通った回数が記録されています。試行回数がある程度になれば、縦に切った同じ時間における回数の分布が、中央 ($j = 0$) を中心としてほぼ正規分布の形状をしていることが読み取れます。[MC_Result] のもう1つのグラフでは、$t = 5$、$t = 10$時点におけるこの分布を示していますので参照してください。

なお、もし計算が終了していたら、[MonteCarlo] の平均値の値を再度確認してみてください。56.6bpになっていると思います。これは、解析解およびバックワード・インダクションの結果がともに52.9bpで

図表E6.1　モンテカルロ・シミュレーションの収束状況

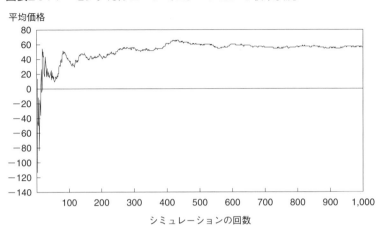

図表E6.2　$t=5$, $t=10$時点における各ノードの通過回数

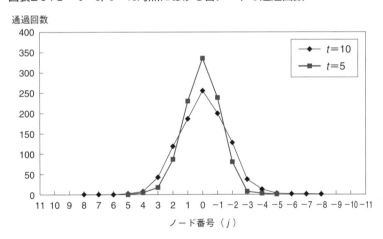

したので、プレーン・バニラ・スワップのツリーを使った1,000回のモンテカルロ・シミュレーションではまだ3.7bpずれているということを表しています。

5 モンテカルロ・シミュレーションの高速化

　前節で述べたように、モンテカルロ・シミュレーションで金利デリバティブのプライシングを行う場合、非常に多くの計算時間を要します。このため、高速なコンピュータを使っても、精度の高い値を得るためには、計算時間が非常に長くなってしまうという問題が起きてしまいます。そこで、この節では計算時間を短縮するための方法を考えてみましょう。

　モンテカルロ・シミュレーションは、試行回数を重ねることによって期待値を求める計算方法です。そのため、高速化というのは、計算回数を減らしても誤差の小さな値が得られるための工夫、ということになります。

> モンテカルロ・シミュレーションの高速化＝計算回数の削減
> 　　　　　　　　　　　　　　　　　　　＝収束速度の向上

　ここでは、モンテカルロ・シミュレーションの収束を速める方法として、**負相関変量法**（Antithetic variate method：対照変量法とも呼ばれる）という手法を紹介します。

　いま、通常の一様乱数を用いてシミュレーションを行うことを考えてみましょう。1つの経路を決めるための乱数の列をXとおき、その乱数列から求められる経路による価値を$Y=f(X)$と表現することにします。モンテカルロ・シミュレーションの収束度は、この経路による価値Yのバラツキの大きさを表す分散で評価することができます。

　さて、ここで乱数列Xに対して、もう1つの乱数列$(1-X)$を用意します。つまり、Xは0以上1未満の一様乱数ですので、図表6.1で考えるとわかるように、最初の乱数列とツリーの経路が上下逆になる、対称の乱数列をもう1つ用意するということです。この経路による価値を$Z=f(1-X)$と定義します。そして、もとの乱数列Xの経路による価値Yに加え、乱数列$(1-X)$

の経路による価値Zを計算します。このとき、YとZは経路が上下正反対であるだけなので、その分散はほぼ等しいと考えられます。そこで、$W=Y+Z$の分散をとってみましょう。

$$Var[W] = Var[Y+Z] = Var[Y] + Var[Z] + 2 \cdot Cov[Y,Z]$$
$$\approx 2 \cdot Var[Y] + 2 \cdot Cov[Y,Z] \quad \cdots\cdots\cdots (6.2)$$
$$(\because Var[Y] \approx Var[Z])$$

ところで、YとZの共分散$Cov[Y,Z]$はどのような値をとるでしょうか。乱数をツリーの推移確率に適用する方法を思い出せば、常に経路Xと（$1-X$）が上下対称の形状をしていることはわかります。この場合、デリバティブの価格が金利に対して単調増加もしくは単調減少であれば、Xと（$1-X$）による価格YとZとは逆向き、すなわち共分散が負（$Cov[Y,Z]<0$）になります。これを先ほどの式（6.2）に当てはめると、次のように表すことができます。

$$Var[W] < 2 \cdot Var[Y]$$

この式から、対称な乱数列Xと（$1-X$）を用いてシミュレーションを行ったときの分散は、乱数列Xに対して2回独立にシミュレーションを行った場合よりも小さくなることがわかります。このように、乱数の与え方に工夫を加えることによって、同じ回数のシミュレーションを行った場合の分散（バラツキ）を小さくすることができます。言い換えれば、より少ない回数で誤差を小さくすることができるようになり、その結果、モンテカルロ・シミュレーションの高速化が実現されたことになるのです。

ここまでの内容をイメージで表現すると、図表6.6のようになります。この負相関変量法は先に述べたように、金利に対して上下逆向き（線形）の価値をもつ商品において、最も効果を発揮します。なぜなら、上下逆の経路における価値の共分散が小さい（相関が−1に近い）ほど、全体の分散が小さくなるからです。このような商品の典型例はスワップです。

図表6.6 負相関変量法による2つの上下正反対の経路

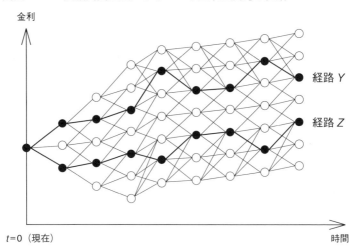

　図表6.7に学習用EXCELシートで計算した、プレーン・バニラ・スワップの負相関変量法を使ったモンテカルロ・シミュレーションによる価格の収束状況がグラフに示されています。このような商品の場合、効果が絶大であることがわかります。これに対して、価格が金利に対して単調増加または単調減少でないために相関が正であったり、負でもあまり小さくならない商品の場合は、効果がなくなることに注意しなければなりません。
　負相関変量法のように、価格の分散をダイレクトに減少させる方法を総じて**分散減少法**（Variance reduction method）と呼んでいます。この負相関変量法と並んで、デリバティブのプライシングでよく使われる分散減少法に**制御変量法**（Control variate method）があります。
　こちらの手法は、まずモンテカルロ・シミュレーションを用いて、求めたい対象のデリバティブに商品性が似ていて、かつ解析的に解のわかるものを用意します。そして、その類似商品と対象商品との間の高い相関を利用して、収束を速めようとする方法です。具体的には、モンテカルロ・シミュレーションによる対象デリバティブの価格を、同一の乱数列で求めた類似商品の

図表6.7 モンテカルロ・シミュレーションの収束状況（負相関変量法）

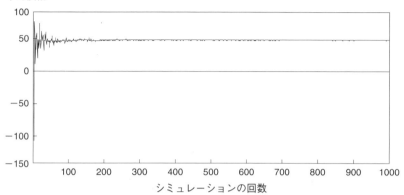

収束値とその解析解との差（誤差）で調整することで価格の分散を抑え、結果的に収束を速めさせます。

たとえば、あるエキゾチック・オプションの価格Gを求めるためには、そのエキゾチック・オプションに似ていて、かつ解析解をもつオプションHを見つけ、次式のように計算します。

$$G = \sum_{j=1}^{N} \frac{1}{N} G_j - \left(\sum_{j=1}^{N} \frac{1}{N} H_j - \tilde{H} \right)$$

ここで、$\tilde{H}$は類似オプションの解析解です。

このとき、この価格の分散は、

$$Var[G-H+\tilde{H}] = Var[G] + Var[H] - 2 \cdot Cov[G,H]$$

と表せます。したがって、この2つのオプション価格が正の高い相関をもっていれば、共分散が分散を打ち消し、結果的に分散を抑えられるというわけです。ハル・ホワイト・モデルは、第3章にあるとおり、プレーンなキャップ／フロアーとヨーロピアン・スワップションに対しては解析解が存在する

ので、これらと価格の相関が高い金利デリバティブにはこの制御変量法が有効だといえます。

　また、この手法はバックワード・インダクションにも直接応用できます。前章でみたとおり、バックワード・インダクションと解析解の間には若干の差があります。この差とエキゾチック・オプションのバックワード・インダクションによる値を用いることで、モンテカルロ・シミュレーションの場合と同様にプライシングを改善することができるのです。バックワード・インダクションにおける制御変量法の計算というのは、実質的にエキゾチック・オプションと単純なオプション（プレーンなキャップ／フロアーまたはヨーロピアン・スワップション）との差を、バックワードで計算していることになります。それにより、離散化の悪影響を小さくしようとしているわけです。このように、ツリー全体のノードの密度を高めるために時間間隔Δtを小さくする（タイムステップの数を増やす）等のことをしなくても、バックワード・インダクションで計算するエキゾチック・オプションの価格の精度をある程度向上させることができます。

負相関変量法による
モンテカルロ・シミュレーション

　モンテカルロ・シミュレーションの実行方法はすでに述べました。学習用EXCELシートは、負相関変量法に対応していますので、その実行方法を記します。

入力項目	入力値
負相関変量法	1

　負相関変量法を実行するには、［Pricing］において負相関変量法の入

力値を1にします。このように変更した場合、プログラム内では1回の経路を計算するときに用いた乱数を一度記憶しておき、次の経路はこれと上下対称にします。他の条件は前節のとおりとして、マクロボタン「モンテカルロ実行」を押してこれを実行してください。

　さて、ワークシート［MonteCarlo］の画面左側のツリーをみてください。各ノードの通過回数がきちんと上下対称になっていることがわかります。このように、対称な経路を用いることで分散を減らそうとしているのです。

　計算が終了したら、まず、平均値をみてみましょう。前節と異なり、プレーン・バニラ・スワップの1,000回の平均値が52.9bpと、解析解やバックワード・インダクションの価格と一致するのを確認できます。次に、［MC_Result］のグラフをみてください。収束状況も先ほどよりもだいぶよくなっていることと思います。回数が少ない時点でも、すでに値のぶれが小さくなっており、モンテカルロ・シミュレーションの高速化ができているといえるでしょう。

i	0	1	2	3	4	5	6	7	8	9	10	11	12
t	0	0.25	0.5	0.75	1	1.25	1.5	1.75	2	2.25	2.5	2.75	3

モンテカルロ・シミュレーション
プライシング

モンテカルロ
実行

価値　98.2
平均値　52.9

j													
12													
11													
10													
9													
8									0	0	0	0	0
7								0	0	0	0	0	0
6							0	0	0	0	0	0	0
5						0	0	1	2	2	4	5	0
4					1	3	6	7	4	6	15	19	0
3				2	9	15	20	24	33	44	41	46	0
2			22	55	82	92	99	109	114	114	119	111	0
1		185	224	247	232	233	221	214	215	217	190	183	0
0	1000	630	508	392	352	314	308	290	264	234	262	272	0
-1		185	224	247	232	233	221	214	215	217	190	183	0
-2			22	55	82	92	99	109	114	114	119	111	0
-3				2	9	15	20	24	33	44	41	46	0
-4					1	3	6	7	4	6	15	19	0
-5						0	0	1	2	2	4	5	0
-6							0	0	0	0	0	0	0
-7								0	0	0	0	0	0
-8									0	0	0	0	0
-9													
-10													
-11													
-12													

シミュレーション回数

各ノードを通過した回数を表示

第7章

プライシングの応用
──エキゾチック・オプション

　前章までで、マルチカーブのもとでの1ファクターのハル・ホワイト・モデルによる金利デリバティブのプライシング方法の基本的事項はすべて終了しました。

　本章では、これらの知識をふまえて、金利期間構造モデルの本領が発揮される、より複雑なデリバティブのプライシングを行ってみましょう。

1 バミューダン・スワップション

　第2章のスワップションの評価のときに述べたように、権利行使日が2つ以上一定数あるスワップションをバミューダン・スワップションと呼びます。バミューダン・タイプのオプションでは、オプションの購入者がいつ（どの権利行使日で）権利行使するのか、約定時点では判断ができないために、計算上、1つのオプションに原資産であるスワップがいくつも存在することになります。このため、金利期間構造をもたないブラック・ショールズ・モデルでは、理論的な価格を導くのが困難となります。一方、金利期間構造モデルでは、複数の原資産を1つの構造（ツリー）で表現できるため、権利行使のタイミングを加味したプライシングができるのです。

　では、実際にバミューダン・スワップションのプライシング方法を考えることにしましょう。計算方法はバックワード・インダクションでのヨーロピアン・スワップションと同じように行います。バミューダン・スワップションには、原資産スワップの発生の仕方によって、次の2種類があります。
① Fixed Tenor ……… どの時点で権利行使しても発生するスワップの期間の長さは同じ
② Fixed Maturity…… どの時点で権利行使しても同じ満期までのスワップが発生する

　Fixed Maturity（Fixed Terminalとも呼ばれます）は、常に原資産スワップが同じ満期なので、その原資産スワップと受払いがまったく逆のスワップを1つ組み合わせることで、マルチ・キャンセラブル（複数回の解約権付き）・スワップをつくることができます。

　どちらのバミューダン・スワップションもヨーロピアン・スワップションのプライシングで行ったように、まず第1に、権利行使日における原資産のスワップの価値を求めなければなりません。ヨーロピアン・タイプの場合はこれが1つしかなかったのですが、今度は権利行使日の数だけ求めなければ

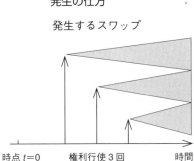

図表7.1 Fixed Tenorにおける権利行使3回のスワップの発生の仕方

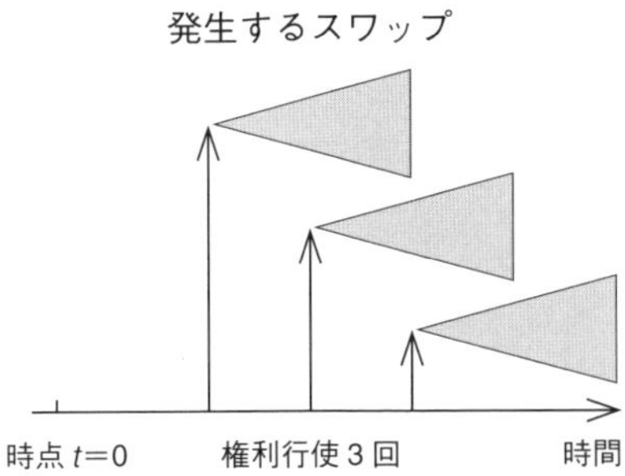

図表7.2 Fixed Maturityにおける権利行使3回のスワップの発生の仕方

なりません。この求め方はすでに行ったとおりなので、ここでは繰り返しませんが、Fixed TenorとFixed Maturityの違いによって、スワップの期間の長さを変えて求めることに注意する必要があります。

さて、原資産の価値が求められたところで、全体の価値をバックワードします。このとき、一番遅い権利行使日におけるノードでは、ヨーロピアン・タイプと同じ方法で権利行使されるか／されないかを判断します（スワップの価値が0以上であれば権利行使される）。ところが、バミューダン・タイプでは、その手前にもまだ権利行使日が存在します。そこで、手前の権利行使日のノードまでバックワードを行い、図表7.4に示す比較を行います。この早期行使（期限前行使）を行ったときのスワップの価値と残りのバミューダン・スワップションの価値との比較によって、早期行使してスワップを発生させるかどうかが判断されます。

$$pv_i = \begin{cases} \max\{Swap_i, 0\} & \text{for } i=n \\ \max\{Swap_i, e^{-r_{i,j} \cdot \Delta t} \cdot E[pv_{i+1} | \varphi_i]\} & \text{for } i=1,\cdots,n-1 \end{cases}$$

この作業を最初の権利行使日まで繰り返すことによって、どの段階で権利

図表7.3　ツリー上のバミューダン・スワップションの権利行使

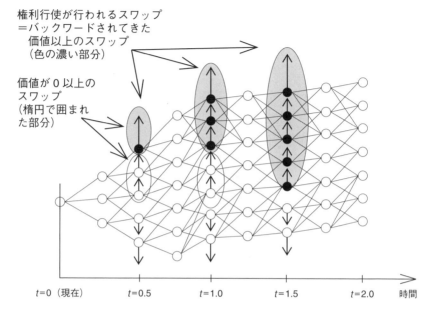

図表7.4　バミューダン・スワップションのバックワードによる計算

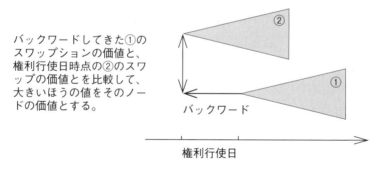

　行使すれば最も有利であるかを判断できるのです。バミューダン・スワップションの価格は、オプションの購入者がこのように最も合理的な行動をとった場合に得られる価値と等しくなります。ちなみに、バミューダン・スワップションでは約定日から最初の権利行使日までの期間をロックアウト（Lockout）期間またはノーコール（No-call）期間と呼びます。

　こうして、バミューダン・スワップションの価格を求めることができました。アメリカン・タイプのプライシングの場合には、権利行使日が毎日なので、すべてのノード上で、行使すべきかどうかの判定を行えばよいことになりますが、通常は非常に時間を要することになります（ただし、本プライシングツールでは、Δt が $\frac{1}{4}$ 年と $\frac{1}{2}$ 年しか対応できないために時間は要しないですが、権利行使回数が限られてしまうので注意してください）。

EXCELコーナー　バミューダン・スワップションのプライシング

　では、バミューダン・スワップションの計算を行いましょう。まずは、いつものとおり、ワークシート［Def］および［Pricing］で設定したうえで、マクロボタン「データセット実行」「アルファ計算」「指標金利計算実行」を押して計算条件にあった指標金利をあらかじめ求めておきます。

［Def］

入力項目	入力値
a	0.1
σ	0.01
Δt	0.25
h	3
M と V の選択	0

[Pricing]

入力項目	入力値
金利期間構造モデル	1
指標金利の種類	6

それから、次のような設定を行ってください。

入力項目	入力値
商品の種類	3
固定金利の向き	－1
固定金利	0.025
スタート日	1
エンド日	3
権利行使回数	4
Fixed Tenor/Maturity	2

　この設定では、権利行使日が1年後、1年半後、2年後、2年半後の合計4つで、原資産のスワップはいずれも最終日が3年後までの長さです（Fixed Maturity）。マクロボタン「バックワード実行」を押してバックワードによるプライシングを実行してください。このFixed Maturityのバミューダン・スワップションの現在価値が129.5bpとなることを確認できます。

　バミューダン・スワップションのプライシングの考え方は、本文中で述べたとおりです。いま、権利行使日は$i=4, 6, 8, 10$のノード上です。始めは$i=10$の権利行使日に発生するスワップの価値を求めます。この段階では、ヨーロピアン・スワップションとまったく同じ方法で、スワップの価値が負の場合に価値をゼロに置き換えます。結果画面のノード$i=10$をみると、下のほうのノードの価値がゼロになっていま

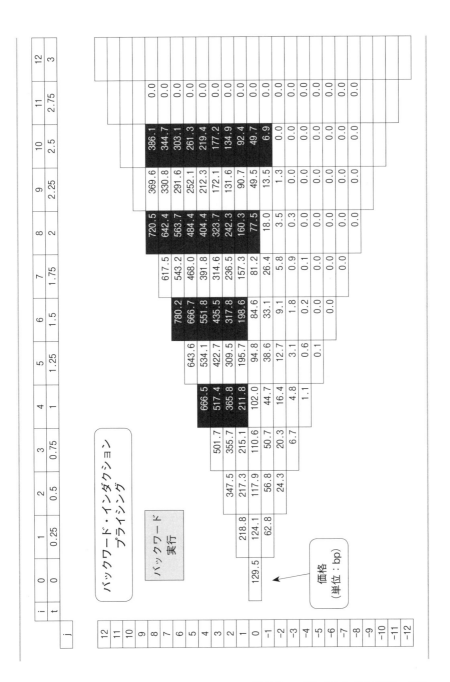

第7章 プライシングの応用

す。ヨーロピアン・スワップションでは、後は現在時点 $t = 0$ までバックワードすればよかったのですが、この場合はまだ、他の権利行使日が存在します。スワップションの価値を $i = 8$ までバックワードしたら、今度はこの時点をスタートとする原資産スワップの価値とバックワードした結果とを比較しなければなりません。そして、$i = 8$ 時点で発生するスワップのほうが高ければ、あらためてこの値をこのノードの価値として置き換える必要があります。このように、$i = 8$ 時点で原資産が置き換わったノードは、画面上に赤い文字で表示されます（モノクロの本書ではセルの背景色を反転表示にしています）。$i = 10$ のノードも含めて、権利行使が実行される箇所は赤い文字で表されています。

このような作業を権利行使日のつど繰り返しながら、現在時点までバックワードした値が、当該バミューダン・スワップションの現在価値となります。

それでは、結果を分析してみましょう。$i = 8$ 時点に注目してください。金利が高い場合は、この時点で権利行使が行われます。固定金利支払い・変動金利受取り（ペイヤースワップション）ですから、変動金利が高い金利ならば早く権利行使したほうが有利だからです。反対に、金利が低い場合はゼロとなっています。この場合は、権利行使すれば直ちに損失が発生するので、$i = 8$ 時点で権利行使されないのはいうまでもありません。

その間はどのような状況なのでしょうか。赤い文字より低い水準では、権利行使に不利であることには変わりはないのですが、その後金利が上昇し、$i = 10$ 時点で権利行使をして利益を得る可能性が残されています。赤い文字で表示されていない正の値をもった、中間のノードではこのような状況になっているのです。このスワップションを早期行使するかしないかの境目を**早期行使境界**（Early exercise boundary）といいます。

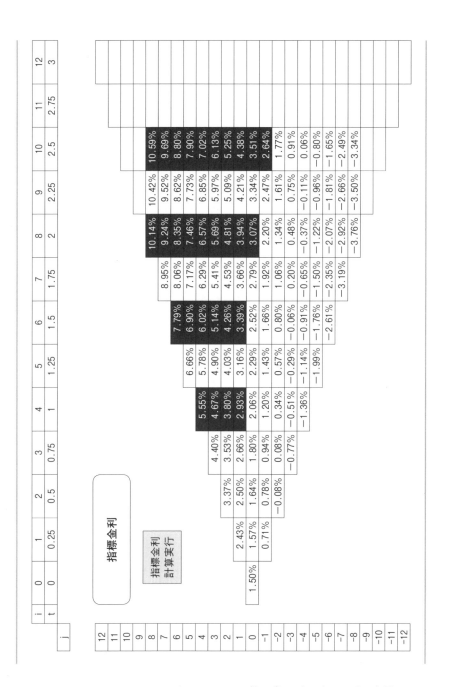

第7章 プライシングの応用

ここで、ワークシート［RefRate］を開けてください。この早期行使境界付近の指標金利がスワップの固定金利2.5%に比較的近いことがわかるでしょう（ただし、イールドカーブの形状によっては、2.5%近辺とならないことも考えられます）。

このように、バミューダン・スワップションは、どの段階で権利行使されるかという点をプライシングに織り込まなければなりません。これが、金利期間構造モデルを用いる理由でもあるわけです。

バミューダン・スワップションのもう1つの種類である、Fixed Tenorについては、ワークシート［Pricing］で次のように設定することで計算できます。

入力項目	入力値
権利行使回数	4
Fixed Tenor/Maturity	1
Tenor	0.5

ここで、Tenorには発生するスワップの長さ（単位：年）を入力します。このとき、権利行使日に発生するスワップが、エンド日を越えてしまう場合には、自動的にエンド日までに短縮されてしまいますので、注意してください。この設定では、権利行使日は1年後（$i=4$）、1年半後（$i=6$）、2年後（$i=8$）、2年半後（$i=10$）になります。こちらもマクロボタン「バックワード実行」を押してバックワードによるプライシングを実行します。このFixed Tenorのバミューダン・スワップションの現在価値が57.1bpとなることを確認できます。

この条件によって計算されたFixed Tenorの場合、早期行使される可能性がとても低くなっています。これは、Fixed Maturityの場合では早期行使を行っても変わるのはその行使時点のキャッシュフローだけ

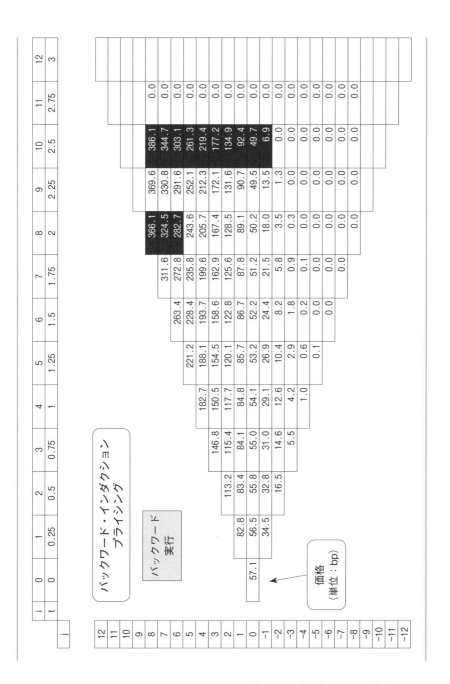

ですが、Fixed Tenorの場合では発生するスワップのエンド日が権利行使日によって変わるため、早期行使をすればその分、先時点の利息交換が行われないことに起因します。このことから、Fixed Tenorの場合には、権利行使日の指標金利の水準だけでは早期行使の可能性を判断できないということになります。

さてここで、第6章で出てきた制御変量法を、実際にバックワード・インダクションに応用してみましょう。そのためにまず、ワークシート［Def］でΔtの値を6カ月（$\Delta t = 0.5$）にしましょう（ワークシート［Def］のそれ以外の欄は変更しませんが、再度マクロボタン「データセット実行」「アルファ計算」「指標金利計算実行」を押してください）。

［Def］

入力項目	入力値
Δt	0.5

次に、今回のFixed Maturityに似た商品として、権利行使日（スタート日）が2年半後のヨーロピアン・スワップション（エンド日は3年）を選びます。

［Pricing］

入力項目	入力値
商品の種類	3
スタート日	2.5
エンド日	3
権利行使回数	1
Fixed Tenor/Maturity	2

これは、2年半後が、Fixed Maturityにとって最終権利行使日であ

るため、$t=2.5$時点のノード上の値がバミューダン・スワップション と一致するからです。そのため、相関が高いと考えられます。今回の Fixed Tenorに対しても同様に、権利行使日（スタート日）が2年半後 のヨーロピアン・スワップション（エンド日は3年）を選びます。 Fixed Maturity、Fixed Tenorおよびヨーロピアン・スワップションに ついて、これまでと同様のやり方でバックワード・インダクションを 行うと次のようになります（ただし、$\Delta t=0.5$）。

バミューダン	価格（bp）	類似商品（ヨーロピアン）	価格（bp）
Fixed Maturity	131.3	権利行使日=2.5年	57.9
Fixed Tenor	57.9		

このヨーロピアン・スワップションに対して、ワークシート［Analytical］を使って解析解（と近似計算値）を求めます（ゴールシークがうまくいかずエラーになってしまう場合には「ショートレートのトリガー」欄に違う値を入力し、再度マクロボタンを押してください）。

類似商品（ヨーロピアン）	解析解（bp）	近似計算（bp）
権利行使日=2.5年	56.8	56.8

このとき、このヨーロピアン・スワップションの解析解（または数値にほとんど差がない近似計算値）からバックワード・インダクションによるヨーロピアン・スワップションの価格を差し引いた値を、既存のバックワード・インダクションによるバミューダン・スワップションの価格に加算したものが、制御変量法による価格になります。ここで、その結果をみてみますと、この修正後の値が、Δtの値を3カ月（$\Delta t=0.25$）と小さくすることでΔtの値が6カ月の場合よりも精度を上げたバックワード・インダクションの値に近づくのを確認することができます。

バミューダン	$\Delta t=0.5$での価格	制御変量法 ($\Delta t=0.5$)	$\Delta t=0.25$での価格
Fixed Maturity	131.3	130.2	129.5
Fixed Tenor	57.9	56.8	57.1

このように、制御変量法はバックワード・インダクションにも簡単に応用でき、かつ、バミューダン・タイプの商品に対して有効な手法であることが確認できました。

2 ラチェット・キャップ

次に、**ラチェット・キャップ**（Ratchet cap）と呼ばれるデリバティブのプライシングについて考えてみます。この商品は、通常のキャップと異なり、キャップレートが固定ではなく、1つ前の金利決定日における数値をもとに設定されます。この設定ルールには次の2つのタイプがあります。

① 1つ前の金利決定日における指標金利（通常はLIBOR）にスプレッドを加えた値を当日のキャップレートとする

$$CapRate_i = LIBOR_{i-1} + Spread$$

② 1つ前の金利決定日の指標金利と、同じく1つ前のキャップレートのどちらか小さいほうのレートにスプレッドを加えた値を当日のキャップレートとする

$$CapRate_i = \min\{CapRate_{i-1}, LIBOR_{i-1}\} + Spread$$

このように、基本的にキャップレットごとにキャップレートが異なります。ラチェットとは、そもそも一方向にしか回転しない歯車のことであり、

常に小さいほうに向かっていくタイプ②は典型的なラチェットといえます。このタイプ②は、タイプ①と区別するために**スティッキー・ラチェット・キャップ**（Sticky ratchet cap）と呼ばれることもあります。タイプ①が1つ前のLIBORのみ参照しているのに対し、タイプ②は、常に前回のキャップレートと比較するため、結果的に過去のLIBORの値も参照していることになります（なお、ここでの初回のキャップレートは$LIBOR_1 + Spread$）。ただし、事前に定めるスプレッドは正の値だけでなく負の値の場合もあります。

$$CapRate_i = \min\{CapRate_{i-1}, LIBOR_{i-1}\} + Spread$$
$$= \min\{\min\{LIBOR_{i-2}, CapRate_{i-2}\} + Spread, LIBOR_{i-1}\} + Spread$$
$$= \min\begin{Bmatrix} (i-1)\cdot Spread + LIBOR_1, \\ (i-2)\cdot Spread + LIBOR_1, \\ (i-3)\cdot Spread + LIBOR_2, \\ \vdots \\ LIBOR_{i-1} \end{Bmatrix} + Spread$$

$$\cdots\cdots (7.1)$$

図表7.5　スティッキー・ラチェット・キャップの適用レート（Spreadが正の場合）

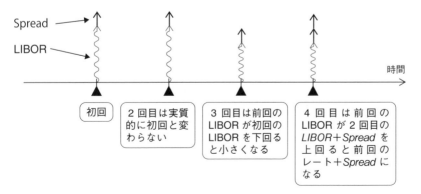

図表7.6　ラチェットとスティッキー・ラチェットの適用レートの違い

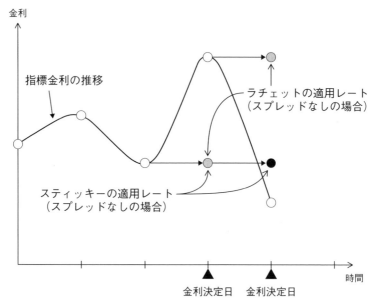

　このような特徴をもっているこれらのラチェット・キャップは、バックワード・インダクションではプライシングできません。なぜなら、時間に沿った指標金利の履歴がキャッシュフローに直接影響を与えるために、将来時点（後方）からの計算だけではキャッシュフローが直接求められないからです。こういうタイプの商品を**経路依存（Path dependent）**型商品と呼び、モンテカルロ・シミュレーションを使ってプライシングを行います。

　では、どのようにモンテカルロ・シミュレーションでプライシングするのでしょうか。このやり方は、第6章にあるとおり、現在時点（前方）から金利の経路を作成していくので、比較的簡単に考えることができるでしょう。つまり、乱数を用いて経路を決定する際に、それまでに通ってきた経路における（部分木等による条件付期待値で求めた）指標金利を金利決定日のたびに記憶しておきます。そして、その経路におけるキャッシュフロー（キャップレットの受払い額）を計算する際に、通常の指標金利（6カ月LIBOR等）

と記憶されている過去の指標金利を使用すればよいのです。こうすることによって、1回のパスにおけるラチェット・キャップのキャッシュフローが求められるので、後は第6章で述べたとおりにノードを1ステップずつバックワードすれば、各経路の価値を求めることができます。

　このように、バックワード・インダクションとモンテカルロ・シミュレーションによる基本的商品のプライシング方法がわかれば、後はちょっとした変更を加えるだけでエキゾチック・オプションと呼ばれる、複雑なキャッシュフローをもつデリバティブの価格も求めることができるようになります。

EXCELコーナー　ラチェット・キャップのプライシング

　では、ラチェット・キャップのプライシングを行ってみましょう。以下のように設定して、モンテカルロ・シミュレーションを実行してください（ただし、ワークシート［Def］内の「Δt」欄の値が$\Delta t = 0.5$になっている場合は$\Delta t = 0.25$に戻し、マクロボタン「データセット実行」「アルファ計算」と「指標金利計算実行」を押してから実行してください）。このとき、「固定金利」欄は「スプレッド」欄に変わります。

[Pricing]

入力項目	入力値
金利期間構造モデル	1
指標金利の種類	6
商品の種類	2
キャップ／フロアー	－1
スプレッド	0.001

第7章　プライシングの応用

入力項目	入力値
スタート日	1
エンド日	3
ラチェット	1
モンテカルロ回数	1,000
負相関変量法	1
乱数の初期値	1

　この商品は、普通のキャップがキャップレートを固定値にするのに対して、毎回キャップレートが変わり、前回の金利決定日における指標金利にスプレッドを加えた値がキャップレートになるというものです（ただし、ここでの初回は当日の指標金利＋スプレッド）。ですから、実質的に前回の金利との差が固定スプレッド（ここでは0.001）以上になるかどうかを判定するスプレッドオプションとなっているため、価格は低めになります。このような商品においても負相関変量法は有効でしょうか。これを確かめるために、マクロボタン「モンテカルロ実行」を押して実際に比較を行ってみましょう。

　ラチェット・キャップのプライシングが終了したら、負相関変量法の指定を外して（ワークシート［Pricing］内の「負相関変量法」欄を0にする）、再度計算してみましょう。さらにモンテカルロ回数を10,000回にした計算も行ってみます。また、ここでは典型的なラチェット型であるスティッキー・ラチェット・キャップについてもあわせて調べてみることにしましょう。この商品はラチェットの指定をスティッキーに変える（ワークシート［Pricing］内の「ラチェット」欄を2にする）だけなので、後は同様の作業を繰り返すだけです。

入力項目	入力値
ラチェット	2

このスティッキーは、キャップレートを単純に前回の金利とするのではなく、前回の金利と前回のキャップレートのどちらか小さいほうにスプレッドを加えたものがキャップレートとして採用されるというものです（ただし、初回はラチェットと同じ）。したがって、このスティッキー・ラチェット・キャップは、ラチェット・キャップに比べて有利となり、その分価格も高くなります。それでも、本章にあるス

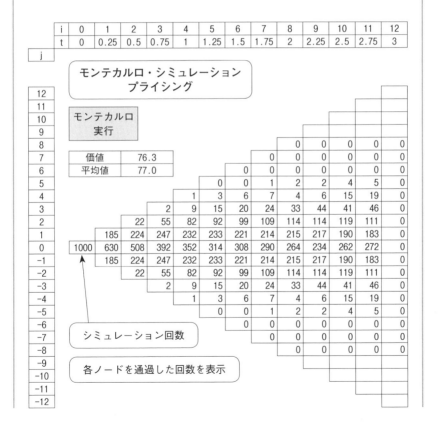

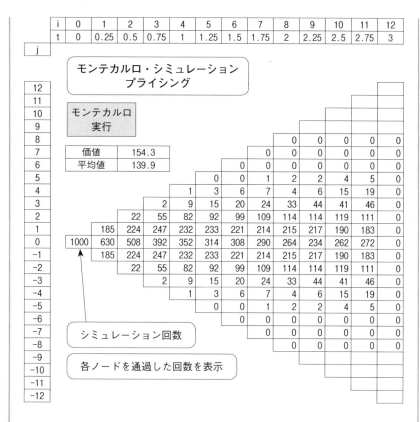

　ティッキーのキャップレートの式（7.1）の展開をみるとわかるように、過去にさかのぼるほど固定スプレッドの値が蓄積されてしまうので、固定スプレッドをゼロ以下に設定しない限り、普通のキャップの価格と比較してそれほど高くはなりません。

　それでは、計算結果をみてみましょう。

商品 (キャップ)	1,000回 (負相関変量なし)	1,000回 (負相関変量あり)	10,000回 (負相関変量なし)
ラチェット	74.0	77.0	76.6
スティッキー	133.5	139.9	139.4

　ここで、負相関変量法を外した10,000回の計算は、1,000回の計算に比べ理論値に近いと考えられますので、2つのキャップとも負相関変量法を行うことにより値が理論値に近づいたとみることができます。

　さて、ここで、普通のキャップでも同じようなことをやってみましょう。ただし、先ほどと違い普通のキャップの場合にはこのEXCELシートを使って簡単に解析解やツリーの影響を直接反映したバックワード・インダクションから理論値を求められるので、10,000回のモンテカルロ・シミュレーションは行いません。結果は次のようになります。

キャップレート (普通のキャップ)	1,000回 (負相関変量なし)	1,000回 (負相関変量あり)	バックワード・ インダクション	解析解
2.6%	120.4	120.9	120.5	118.7

　ご覧のとおり、このプレーンなキャップの場合は、負相関変量法を使用しないほうが理論値に近いという結果になっています。ただし、両者の差はわずかです。これは、普通のキャップがエキゾチックな商品と比べ負相関変量なしでもある程度収束することに起因していることもありますが、そのキャッシュフローからわかるとおり、金利の変動方向に対して価値が対称（線形）でないために、分散の減少効果がスワップのようには大きくないといった部分ももう一方であります。

　このように、負相関変量法は、評価する商品の特性によってどの程度の効果が見込めるか、その判断には十分注意する必要があります。

また、バミューダ・スワップションでも行った制御変量法ですが、上記のプレーンなキャップを使って、先ほどのラチェット型商品に対して行うと次のようになってしまいます。

キャップ	1,000回	制御変量法（1,000回）	10,000回
ラチェット	74.0	72.3	76.6
スティッキー	133.5	131.8	139.4

　これは、ラチェット型商品はその商品性からプレーンなキャップとの相関が低いためと考えられます。これについても負相関変量法と同様に類似商品の選択には十分注意してください。

第8章

モデルの拡張

　マルチカーブのもとでの1ファクターのハル・ホワイト・モデルのツリーを使ったプライシング方法について体験学習してきましたが、この方法は他の金利期間構造モデルにも簡単に応用できます。

　最終章では、ハル・ホワイト・モデルと違い、金利（ショートレート）が正規分布に従わないモデルをどのようにツリーへ適用させるかをみてみることにしましょう。そのうえで最後に、LIBOR-OISスプレッドが確定的ではなく、確率的に変動する確率LIBOR-OISスプレッドモデルへの拡張について学びます。

1 移動対数正規モデル

ここまで、1ファクターのハル・ホワイト・モデルについて、その性質からエキゾチック・オプションのプライシング方法まで、順に話を進め、特にツリー・アプローチの部分についてはEXCELシートを使いながら詳しく解説してきました。

最終章となる本章では、このツリー・アプローチをハル・ホワイト・モデル以外の金利期間構造モデルに拡張する方法についてみていきます。

ハル・ホワイト・モデルではショートレートの過程を以下のように表していました。

$$dr_t = (\theta(t) - ar_t)dt + \sigma dW_t$$

ここで、ハル・ホワイト・モデルのツリー・アプローチを拡張するために、ショートレートに対する関数 $f(r_t)$ を想定し、上記の確率微分方程式を次のように一般化します。

$$df(r_t) = (\theta(t) - af(r_t))dt + \sigma dW_t \qquad \cdots\cdots (8.1)$$

このとき、ハル・ホワイト・モデルでは関数 $f(r_t)$ が $f(r_t) = r_t$ ですが、これに定数を足して自然対数にすると、

$$f(r_t) = \ln(r_t + c) \qquad \cdots\cdots (8.2)$$

移動対数正規モデル（Shifted lognormal model）になり、定数がゼロの場合（$c = 0$）には、ブラック・カラシンスキー・モデル（Black Karasinski model）と呼ばれるモデルになります。

ブラック・カラシンスキー・モデルは、この式（8.2）の設定からショートレートが対数正規分布に従うということがわかります。すなわち、正の値のみをとり、右に裾を引いている分布に従うことを意味します。ハル・ホワ

イト・モデルの場合はショートレートが正規分布に従うので、金利が負になる可能性が高く、特に低金利のときは負の値が顕著に現れるために問題視されたこともありますが、ブラック・カラシンスキー・モデルではこのように正の金利が保証されます。

シフテッド・ブラック・カラシンスキー・モデルにおいてはシフト幅cを設定していますので、(r_t+c) に対して正の値が保証、すなわち、そのシフト幅cを閾値とした下限付きで金利が負になることを許容しています。ただし、（シフテッド）ブラック・カラシンスキー・モデルの場合は、連続複利の金利が対数正規に従うということは、巻末の付録Aにある式（A.5）のとおり、割引債価格の対数が金利の積分値にマイナスをつけた値なので、その金利が対数正規に従うという二重の対数となってしまい、将来の割引債価格が極端に小さくなる（将来時点の金利の値が発散する）可能性が高いという潜在的な問題が一方であります。

それでは、拡張版のツリーの構築方法について、みていきましょう。

まず、$x_t = f(r_t)$とおくと、式（8.1）、（8.2）は、

$$\left.\begin{array}{l} dx_t = (\theta(t) - ax_t)dt + \sigma dW_t \\ r_t = \exp(x_t) - c \end{array}\right\} \qquad \cdots\cdots(8.3)$$

と表せます。ハル・ホワイト・モデルの場合と同様に、最初の段階では、$\theta(t)=0$、$x_0=0$ と仮定してツリーを構築します。ハル・ホワイト・モデルではノードの金利の変化の間隔$\Delta x = \Delta r$であるのに対して、ここでは$\Delta x = \Delta \ln(r+c)$ といったものを想定していることになりますが、Δxと推移確率の求め方は第4章の内容と変わりません。

次に、各ノードを現時点のイールドカーブに合わせるようにα_iを使ってツリーをシフトさせますが、このα_iとアロー・ドブリュー証券の現在価値$Q_{i,j}$を求めるための式が、ハル・ホワイト・モデルのときと若干異なります。

いま、$i \leq m$に対して$Q_{i,j}$が決定していると仮定します。そして $(m+1)\Delta t$に償還を迎えるOISレートに基づく割引債価格が正しく評価されるように

α_m を求めます。関数 $g(\cdot)$ を $f(\cdot)$ の逆関数 ($g(\cdot)=f^{-1}(\cdot)$) とすると、時点 m におけるノード (m,j) 上の金利は、

$$r_{m,j} = g(\alpha_m + j\Delta x) \qquad (\because f(r_{m,j}) = \alpha_m + j\Delta x) \qquad \cdots\cdots(8.4)$$

となります。ここで、シフテッド・ブラック・カラシンスキー・モデルの場合は、

$$r_{m,j} = \exp(\alpha_m + j\Delta x) - c \qquad \cdots\cdots(8.5)$$

と表せるので、第4章の式 (4.14) から、時点 $(m+1)$ に償還する割引債の現在価格 $P_{0,(m+1)\Delta t}$ は次式によって与えられます。

$$\begin{aligned}
P_{0,(m+1)\Delta t} &= \sum_j Q_{m,j} \cdot \exp(-r_{m,j} \cdot \Delta t) \\
&= \sum_j Q_{m,j} \cdot \exp(-g(\alpha_m + j\Delta x) \cdot \Delta t) \\
&= \sum_j Q_{m,j} \cdot \exp(-(\exp(\alpha_m + j\Delta x) - c) \cdot \Delta t) \qquad \cdots\cdots(8.6)
\end{aligned}$$

この式は、ハル・ホワイト・モデルの場合における式 (4.15) と異なり、α_m について解くのに反復計算で探索しなければなりませんが、前にも触れたとおりEXCELにはゴールシークやソルバーといった値の探索機能があるので、比較的容易に α_m を求めることができます。

一度 α_m が決まれば、ハル・ホワイト・モデルの場合における式 (4.16) と同様に時点 $(m+1)$ における $Q_{m+1,j}$ を計算できます。これについても、式 (8.4)、(8.5) を使うことで次式のようになるだろうということは予想できると思います。

$$\begin{aligned}
Q_{m+1,j} &= \sum_k Q_{m,k} \cdot p(k,j) \cdot \exp(-g(\alpha_m + k\Delta x) \cdot \Delta t) \\
&= \sum_k Q_{m,k} \cdot p(k,j) \cdot \exp(-(\exp(\alpha_m + k\Delta x) - c) \cdot \Delta t) \cdots\cdots(8.7)
\end{aligned}$$

ここで、合計は確率がゼロでないすべてのkについて行います。

また、$m=0$のときのα_0は、$\alpha_0 = f(r_0)$ですので、式（8.2）より、

$$\alpha_0 = f(r_0) = f\left(-\frac{\ln P_{0,\Delta t}}{\Delta t}\right) = \ln\left(-\frac{\ln P_{0,\Delta t}}{\Delta t} + c\right) \qquad \cdots\cdots(8.8)$$

となります。後は、式（8.6）を使ったα_mの数値探索と式（8.7）を繰り返し行うことで、拡張版のツリーを完成させることができます。このようにシフテッド・ブラック・カラシンスキー・モデルは、この拡張版のツリーを使うことで、1ファクターのハル・ホワイト・モデルと同様に、バックワード・インダクションによるバミューダン・タイプからモンテカルロ・シミュレーションによる経路依存型までさまざまなタイプの金利デリバティブのプライシングを実現させることができます。

なお、ハル・ホワイト・モデルでは、ツリーを用いないでモンテカルロ・シミュレーションを行う場合、ショートレートの経路上の将来時点の指標金利を求めるのに巻末の付録Aにある割引債価格とショートレートの関係式を使えます。しかし、（シフテッド）ブラック・カラシンスキー・モデルにはそのような割引債価格とショートレートの関係式がないので、ツリーを使わずにモンテカルロ・シミュレーションを行う場合には、金利決定時でのOISレートに基づく割引債価格のかわりに、OISレートに基づくショートレートから求められるマネー・マーケット・アカウントの逆数を使用しなければならないため、時間間隔Δtをより小さくすることが計算精度の観点から要求されます。ただし、ツリーを使ったモンテカルロ・シミュレーションでは、指標金利は拡張版のツリーを使って計算されているので、（シフテッド）ブラック・カラシンスキー・モデルの場合は特に、モンテカルロ・シミュレーションにおいてもツリーを使わない手はないといえます。

また、1ファクターのハル・ホワイト・モデルではキャップ／フロアーやヨーロピアン・スワップションに対して解析解が存在しましたが、ブラック・カラシンスキー・モデルには同じ対数正規モデルであるブラック・

ショールズ・モデルと違って、(割引債価格とショートレートの関係式がないことから)解析解が求められないので、プレーンなキャップ／フロアーやヨーロピアン・スワップションについてもツリーを使って計算する必要があります。したがって、(シフテッド)ブラック・カラシンスキー・モデルにおけるボラティリティのパラメータ a と σ の推定は、ツリーを使って行わなければなりません。

EXCELコーナー　移動対数正規モデルのツリー

それでは、ここで移動対数正規モデルのツリーを構築します。

まず、ツリーの条件設定の前に、ハル・ホワイト・モデルのショートレートのボラティリティの水準とシフテッド・ブラック・カラシンスキー・モデルの水準の違いを確認してみます。確率微分方程式の式(8.3)に $X_t \equiv x_t$、$f \equiv e^{x_t} - c$ と置いて伊藤の公式を適用してみると、$a = \theta(t) - ax_t$、$b = \sigma$ となるので、$\frac{\partial f}{\partial t} = 0$、$\frac{\partial f}{\partial x} = e^{x_t}$、$\frac{\partial^2 f}{\partial x^2} = e^{x_t}$ と計算されるため、シフテッド・ブラック・カラシンスキー・モデルのショートレートの過程は、

$$dr_t = e^{x_t} \cdot \left\{ (\theta(t) - ax_t) + \frac{\sigma^2}{2} \right\} dt + e^{x_t} \cdot \sigma dW_t$$
$$= (r_t + c) \cdot \left(\theta(t) + \frac{\sigma^2}{2} - a \ln(r_t + c) \right) dt + \sigma (r_t + c) dW_t$$

と表せます。ハル・ホワイト・モデルの確率項は σdW_t でしたので、シフテッド・ブラック・カラシンスキー・モデルのショートレートのボラティリティの水準がハル・ホワイト・モデルのショートレートのボラティリティの水準の $(r_t + c)$ 倍となっていることがわかります。こ

のことをふまえ、ワークシート［Def］で次のように設定します。

[Def]

入力項目	入力値
a	0.1
σ	0.2
Δt	0.25
h	3
MとVの選択	0

ここではσをハル・ホワイト・モデルの水準に近づけるために、金利の水準を考慮して20倍にしています。

次に、ワークシート［Pricing］を指定し、「金利期間構造モデル」欄を２の移動対数正規モデルに設定すると、その下の12行目が移動対数正規モデルのシフト幅を入力する欄になります。ここでは、次のようにシフト幅をまずはゼロにしてみます。

[Pricing]

入力項目	入力値
金利期間構造モデル	2
シフト幅	0
指標金利の種類	6

マクロボタン「データセット実行」と「アルファ計算」を押してください。「金利期間構造モデル」の番号２により、ワークシート［ShortRate］では、ノード(i,j)のショートレート$= \exp(\alpha_i + j\Delta x) - c$で計算されているのを各セルで確認できます。シフト幅をゼロに設定しましたので、結果のショートレートがすべて正の値になっています。

その後、シフト幅を2.5％へ変更し、再度マクロボタン「アルファ計

OISレートに基づくショートレート

i	0	1	2	3	4	5	6	7	8	9	10	11	12
t	0	0.25	0.5	0.75	1	1.25	1.5	1.75	2	2.25	2.5	2.75	3
j=12													
j=11													
j=10													
j=9													
j=8									5.30%	6.97%	8.68%	9.70%	10.35%
j=7								3.37%	4.46%	5.86%	7.30%	8.16%	8.71%
j=6							2.35%	2.83%	3.75%	4.93%	6.14%	6.86%	7.32%
j=5						2.18%	1.97%	2.38%	3.15%	4.15%	5.16%	5.77%	6.16%
j=4					1.43%	1.83%	1.66%	2.00%	2.65%	3.49%	4.34%	4.85%	5.18%
j=3				1.00%	1.20%	1.54%	1.39%	1.68%	2.23%	2.93%	3.65%	4.08%	4.35%
j=2			0.74%	0.84%	1.01%	1.30%	1.17%	1.42%	1.87%	2.47%	3.07%	3.43%	3.66%
j=1		0.62%	0.62%	0.71%	0.85%	1.09%	0.99%	1.19%	1.58%	2.07%	2.58%	2.89%	3.08%
j=0	0.66%	0.52%	0.52%	0.59%	0.72%	0.92%	0.83%	1.00%	1.33%	1.74%	2.17%	2.43%	2.59%
j=-1		0.44%	0.44%	0.50%	0.60%	0.77%	0.70%	0.84%	1.11%	1.47%	1.83%	2.04%	2.18%
j=-2			0.37%	0.42%	0.51%	0.65%	0.59%	0.71%	0.94%	1.23%	1.54%	1.72%	1.83%
j=-3				0.35%	0.43%	0.55%	0.49%	0.60%	0.79%	1.04%	1.29%	1.44%	1.54%
j=-4					0.36%	0.46%	0.41%	0.50%	0.66%	0.87%	1.09%	1.21%	1.30%
j=-5						0.39%	0.35%	0.42%	0.56%	0.73%	0.91%	1.02%	1.09%
j=-6							0.29%	0.35%	0.47%	0.62%	0.77%	0.86%	0.92%
j=-7								0.30%	0.39%	0.52%	0.65%	0.72%	0.77%
j=-8									0.33%	0.44%	0.54%	0.61%	0.65%
j=-9													
j=-10													
j=-11													
j=-12													

194

算」を押します。

入力項目	入力値
シフト幅	0.025

　ここでは、正規分布に従うハル・ホワイト・モデルと異なり、金利が負の値へ少し移動している対数正規分布に従っているので、ワークシート［TreeView］では、金利が上昇する方向に分布の裾が拡がっている一方、負の値も若干みられるグラフになっています。

　ワークシート［ShortRate］では、その負のショートレートが−2.5％には達していないことを確認することもできます。

　実はマクロボタン「アルファ計算」をマウスでクリックしたとき、「金利期間構造モデル」欄が番号2の場合にはワークシート［Alpha］では、最初のα_0は式（8.8）の計算で求めていますが、それ以降のα_iは、自動的に（ゴールシークの設定で、数式入力セル：式（8.6）を組み込んだワークシート［Alpha］6行目の時点iのセル、目標値：0、変化させるセル：αを表示するワークシート［Alpha］5行目の時点i

図表E8.1　ツリーの形状

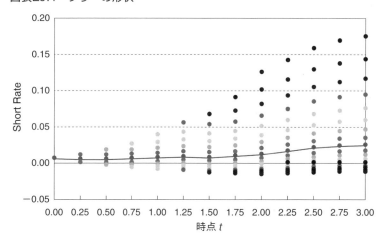

第8章　モデルの拡張　195

のセルと設定して）ゴールシークを実行し、順にα_iを求めていたのです。このように移動対数正規モデルのツリーを比較的簡単に構築できます。

さて、この拡張版のツリーを使って、プレーン・バニラ・スワップのプライシングを行ってみましょう。第5章と同様にワークシート［Pricing］で次のように指定したうえで、マクロボタン「指標金利計算実行」と「バックワード実行」を押して、バックワード・インダクションによるスワップの計算を行います。

入力項目	入力値
商品の種類	1
固定金利の向き	－1
固定金利	0.025
スタート日	1
エンド日	3

結果をみますと、第5章の結果と同様に52.9bpになっていることを確認できます。これは、モデルの変更によって金利が従う確率分布が変わっても、どちらのモデルも現時点のイールドカーブにフィットさせているために、プレーン・バニラ・スワップの値が変わらないのです。

さらに、モンテカルロ・シミュレーションで計算してみましょう。次のように負相関変量法を設定してマクロボタン「モンテカルロ実行」を押して計算を実行します。

入力項目	入力値
ラチェット	0
モンテカルロ回数	1,000
負相関変量法	1
乱数の初期値	1

　このモンテカルロ・シミュレーションによる計算結果をみると、53.1bpとなっています。このシミュレーションで誤差が0.2bpとわずかであることを確認できました。

　ここではキャップ／フロアーやヨーロピアン・スワップションのプライシングは行いませんが、前提となる金利の分布が変わるのでプレーン・バニラ・スワップと異なり、計算結果は変わります。

2　二乗正規モデルとスポット・スキュー・モデル

　二乗正規モデル（Squared Gaussian model）とは、以下の確率微分方程式で表される金利期間構造モデルのことを指します。

$$\left. \begin{array}{l} dx_t = (\theta(t) - ax_t)dt + \sigma dW_t \\ r_t = x_t^2 \end{array} \right\} \quad \cdots\cdots(8.9)$$

　これはみてのとおり、正規分布に従う変数x_tの二乗値がショートレートになるモデルです。この確率微分方程式の式（8.9）に対し$X_t \equiv x_t$、$f \equiv x_t^2$と置き、伊藤の公式を適用しますと、ここでは$a = \theta(t) - ax_t$、$b = \sigma$ですので、$\frac{\partial f}{\partial t} = 0$、$\frac{\partial f}{\partial x} = 2x_t$、$\frac{\partial^2 f}{\partial x^2} = 2$と計算されることから、ショートレートの過程を、

$$dr_t = \{2x_t \cdot (\theta(t) - ax_t) + \sigma^2\} dt + 2x_t \cdot \sigma dW_t$$
$$= (\sigma^2 + 2\theta(t)\sqrt{r_t} - 2ar_t) dt + 2\sigma\sqrt{r_t} dW_t \qquad \cdots\cdots\cdots (8.10)$$

と表すことができます。このとき、式 (8.10) が $\theta(t) = 0$ で第2章で触れたコックス・インガソル・ロス・モデルの金利の過程（平均回帰的平方根過程）に非常に似ていることに気づくと思います。このような過程はショートレートがゼロに近づくと、それに伴って確率項 $2\sigma\sqrt{r_t} dW_t$ がゼロに近づくことで変動が小さくなり、$r_t = 0$ のときは、$dr_t = \sigma^2 dt$（確率項ゼロでドリフト項が正）となるので、金利が負にならないことが保証されます。この二乗正規モデルは、式 (8.9) からわかるとおり、関数 $f(r_t)$ が $f(r_t) = x_t = \sqrt{r_t}$ となります。すなわち、$\Delta x = \Delta \sqrt{r}$ というような想定に基づき、前節の拡張版ツリーで、

$$r_{m,j} = (\alpha_m + j\Delta x)^2 \qquad \cdots\cdots\cdots (8.11)$$
$$\alpha_0 = f(r_0) = \sqrt{-\frac{\ln P_{0,\Delta t}}{\Delta t}} \qquad \cdots\cdots\cdots (8.12)$$

と設定すれば、前節と同じような構築が可能となります。したがって、二乗正規モデルによるプライシングも、この拡張版のツリーを使うことによって簡単に実現できます。

また、（シフテッド）ブラック・カラシンスキー・モデルでは、プレーンなキャップ／フロアーやヨーロピアン・スワップションに対して解析解がありませんでしたが、二乗正規モデルには、割引債価格とショートレートの関係式も解析解も存在します（1ファクターのハル・ホワイト・モデルに比べてかなり複雑な計算式となっているため、本書での提示は割愛します）。

ただし、この二乗正規モデルは、ハル・ホワイト・モデルや（シフテッド）ブラック・カラシンスキー・モデルとは異なり、現時点のフォワードレートがその分散の値よりも低下しているようなイールドカーブにはフィットさせることができないことがわかっています。

ここまで、ショートレートが正規分布に従わないモデルとしてよく知られている移動対数正規モデルと二乗正規モデルについて説明してきました。この2つのモデル以外で拡張版ツリーを構築しやすいモデルとして、ショートレートに対する関数$f(r_t)$を次のように設定する**スポット・スキュー・モデル**（Spot skew model）があります。

$$\left. \begin{array}{l} df(r_t) = (\theta(t) - af(r_t))dt + \sigma dW_t \\ f(r_t) = \dfrac{1}{\beta}\ln(\beta r_t + 1 - \beta^2) \end{array} \right\}$$

これは、$x_t = f(r_t)$と置くと、ショートレートが、

$$r_t = \frac{1}{\beta}(\exp(\beta x_t) - 1) + \beta$$

と表せます。これはパラメータβ（$0 < \beta \leq 1$）が、$\beta = 1$の場合は$r_t = \exp(x_t)$となるため、$\beta = 1$で（対数正規分布に従う）ブラック・カラシンスキー・モデルになり、一方、ロピタルの定理から、

$$\lim_{\beta \to 0} \frac{\exp(\beta x_t) - 1}{\beta} = \lim_{\beta \to 0} x_t \cdot \exp(\beta x_t) = x_t$$

となるので、$\beta \to 0$で$r_t = x_t$である（正規分布に従う）ハル・ホワイト・モデルに近づいていくというモデルになっています。このように$\beta \to 0$で非対称性の指標である**歪度**（Skewness）がゼロである正規分布に近づき、$\beta \to 1$で右に裾が長く歪度が正の値である対数正規分布に近づくので、このパラメータβは**スキューパラメータ**（Skew parameter）と呼ばれています。スポット・スキュー・モデルは学習用EXCELシートには組み込んでいませんが、このモデルに対しても拡張版ツリーで、

$$r_{m,j} = \frac{1}{\beta}(\exp(\beta \cdot (\alpha_m + j\Delta x)) - 1) + \beta$$

$$\alpha_0 = f(r_0) = \frac{1}{\beta}\ln\left(\beta \cdot \left(-\frac{\ln P_{0,\Delta t}}{\Delta t}\right) + 1 - \beta^2\right)$$

と設定するだけで構築できてしまいます。なお、このモデルはショートレートの分布が β の値によって敏感に対数正規分布に近いモデルから正規分布に近いモデルまで大きく変わり、それに応じてフィットするボラティリティの水準も変わることから、β を調整しながらパラメータの推定を慎重に行わなければなりません。

EXCELコーナー 二乗正規モデルのツリー

では、二乗正規モデルのツリーを構築してみましょう。いつもどおりにワークシート［Def］でツリーのための各種条件を設定します。

[Def]

入力項目	入力値
a	0.1
σ	0.01
Δt	0.25
h	3
MとVの選択	0

次に、ワークシート［Pricing］を指定し、今度は「金利期間構造モデル」欄を3の二乗正規モデルに設定します。

[Pricing]

入力項目	入力値
金利期間構造モデル	3
指標金利の種類	6

そして、マクロボタン「データセット実行」と「アルファ計算」を押します。ワークシート[ShortRate]では、「金利期間構造モデル」欄の番号3により、各ノード(i,j)のショートレート＝$(\alpha_i+j\Delta x)^2$で計算されていることを確認することができます。結果のショートレートは、ここでは二乗値ですので、どれも正の値になっています。

マクロボタン「アルファ計算」をマウスでクリックしたとき、「金利期間構造モデル」欄が番号3の場合にワークシート[Alpha]では、最初のα_0は式(8.12)の計算ですが、それ以降のα_iは、移動対数正規モデルの場合と同様に自動的にゴールシークを実行し、順々にα_iを求めています。ショートレートの計算式が式(8.5)ではなく、式(8.11)となっている点が異なるだけです。こうして、二乗正規モデルのツリーも簡単に構築できました。

この二乗正規モデルのツリーを使って、プレーン・バニラ・スワップのプライシングを行ってみます。移動対数正規モデルのときとまったく同じようにワークシート[Pricing]で次のように指定したうえで、マクロボタン「指標金利計算実行」と「バックワード実行」を押して、バックワード・インダクションによるスワップの計算を行いましょう。

OISレートに基づくショートレート

i	0	1	2	3	4	5	6	7	8	9	10	11	12
t	0	0.25	0.5	0.75	1	1.25	1.5	1.75	2	2.25	2.5	2.75	3
j=12													
j=11													
j=10													
j=9													
j=8									3.45%	4.13%	4.79%	5.19%	5.44%
j=7								2.61%	3.13%	3.78%	4.42%	4.80%	5.04%
j=6							2.06%	2.34%	2.83%	3.45%	4.06%	4.43%	4.66%
j=5						1.95%	1.82%	2.08%	2.55%	3.14%	3.72%	4.07%	4.29%
j=4					1.43%	1.71%	1.59%	1.84%	2.28%	2.84%	3.40%	3.73%	3.94%
j=3				1.06%	1.23%	1.50%	1.38%	1.61%	2.03%	2.55%	3.08%	3.40%	3.60%
j=2			0.81%	0.89%	1.04%	1.29%	1.19%	1.40%	1.79%	2.28%	2.79%	3.09%	3.28%
j=1		0.66%	0.66%	0.74%	0.87%	1.10%	1.00%	1.20%	1.56%	2.03%	2.51%	2.79%	2.98%
j=0	0.66%	0.52%	0.52%	0.60%	0.72%	0.93%	0.84%	1.02%	1.35%	1.79%	2.24%	2.51%	2.69%
j=-1		0.41%	0.41%	0.47%	0.58%	0.77%	0.69%	0.85%	1.16%	1.57%	1.99%	2.24%	2.41%
j=-2			0.30%	0.36%	0.46%	0.62%	0.55%	0.70%	0.98%	1.36%	1.75%	1.99%	2.15%
j=-3				0.26%	0.35%	0.49%	0.43%	0.56%	0.82%	1.16%	1.53%	1.75%	1.90%
j=-4					0.25%	0.38%	0.32%	0.44%	0.67%	0.98%	1.32%	1.53%	1.67%
j=-5						0.28%	0.23%	0.33%	0.53%	0.82%	1.13%	1.33%	1.45%
j=-6							0.16%	0.24%	0.41%	0.67%	0.95%	1.13%	1.25%
j=-7								0.16%	0.31%	0.54%	0.79%	0.96%	1.07%
j=-8									0.22%	0.42%	0.65%	0.79%	0.89%
j=-9													
j=-10													
j=-11													
j=-12													

入力項目	入力値
商品の種類	1
固定金利の向き	−1
固定金利	0.025
スタート日	1
エンド日	3

結果をみますと、移動対数正規モデルの場合の結果と同じ52.9bpになっているのを確認することができます。

さらに、モンテカルロ・シミュレーションで計算してみます。これも前節と同様に次のように負相関変量法を設定してマクロボタン「モンテカルロ実行」を押して計算します。

入力項目	入力値
ラチェット	0
モンテカルロ回数	1,000
負相関変量法	1
乱数の初期値	1

モンテカルロ・シミュレーションによる計算も52.9bpとほとんど誤差のない結果になっています。

さてここで、ワークシート[Def]でσの値だけ次のように10倍に増やしてみます。

[Def]

入力項目	入力値
σ	0.1

[Pricing]画面左のマクロボタン「データセット実行」と「アルファ

計算」を押してみてください。ワークシート［Alpha］をみてみると、σの値を大きくしたために、本文のなかで触れたとおり、現時点のフォワードレートがその分散の値よりも低下している状態になり、途中（$i = 3$（$t = 0.75$）時点）からワークシート［Alpha］6行目に表示されている差異の値が大きくなり、（$i = 5$（$t = 1.25$）時点）から最適なαを求められずに終了してしまっています。このように、二乗正規モデルではイールドカーブにフィットできないケースがあるので、パラメータの設定には十分注意してください。

3 確率LIBOR−OISスプレッドモデル

　これまで確定的なLIBOR−OISスプレッドを前提に話をしてきましたが、最後にLIBOR−OISスプレッドが確定的ではなく、確率的に変動する確率LIBOR−OISスプレッドモデルのツリーの構築方法について紹介します。

　マルチカーブのもとで、今度は2ファクターのツリーになります。OISレートに基づくショートレートr_t^oについては、ハル・ホワイト・モデルでもシフテッド・ブラック・カラシンスキー・モデルでもこれまでどおりに構築します。

$$dx_t = (\theta_r(t) - a_r x_t)dt + \sigma_r dW_t^r \qquad \cdots\cdots\cdots(8.13)$$

　次に、LIBOR−OISスプレッドに基づく確率LIBOR−OISスプレッドモデルですが、これは連続複利ベースのショートスプレッドb_tをマルチカーブの2ファクター目としてショートレートと同じようにモデリングします。ただし、LIBOR−OISスプレッドは銀行の潜在的な信用リスクをコストとして表していることから、負の値をとらない対数正規モデルのような過程が求められます。

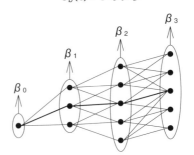

図表8.1 スプレッド0から始まる$\theta_b(t)=0$のツリー

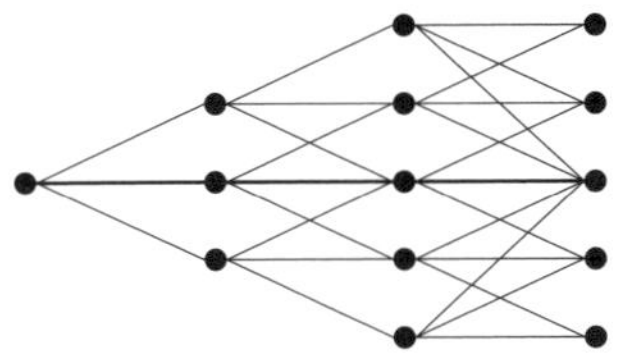

図表8.2 LIBORカーブにフィットさせた$\theta_b(t)\neq 0$のツリー

$$\left.\begin{array}{l} dy_t = (\theta_b(t) - a_b y_t)dt + \sigma_b dW_t^b \\ dW_t^r \cdot dW_t^b = \rho dt \end{array}\right\} \quad \cdots\cdots(8.14)$$

ここで、ρはショートレートの確率過程x_tとショートスプレッドの確率過程y_tとの相関係数になります。また、ここでは確定的なLIBOR–OISスプレッドではないため、第3章の式(3.9)を用いるのではなく、指標金利のLIBORの変化を表せるように、$(r_t^O + b_t)$をLIBORに基づくショートレートr_t^Lと定義します。

ショートスプレッドのツリー構築の最初の段階はショートレートと変わらず、$\theta_b(t)=0$、$y_0=0$と仮定します。金利ではなくスプレッドですが、ノード上のスプレッドの変化の間隔Δyと推移確率の求め方は第4章と同様の方法で求めます。

それから、ショートレートのツリーがOISカーブにあわせるようにα_iを使ったのと同じように、ショートスプレッドのツリーでは図表8.1、8.2のようにβ_iを使ってツリーをシフトさせて、各ノードを現時点のLIBORカーブにあわせるように、このβ_iとアロー・ドブリュー証券の現在価値を求めます。このアプローチ自体は変わりませんが、$r_t^L = r_t^O + b_t$ですので、ここから2ファクターを意識する必要が出てきます。

1ファクターでは3本に枝分かれしたツリー1つでしたが、ここでは図表8.3のようにOISレートに基づくショートレートの変化とLIBOR－OISスプレッドに基づくショートスプレッドの変化を結合させた3×3の2ファクターの3次元（2ファクター＋時間の変化）ツリーで現在価値を求めます。そのためには図表8.4のとおりショートレートの推移確率（p_u, p_m, p_d）とショートスプレッドの推移確率（q_u, q_m, q_d）からそれぞれの変化の状態に応

図表8.3　1期間の3次元ツリー

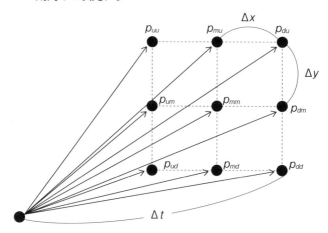

図表8.4　1期間の上下対称のショートレートとショートスプレッドのツリー

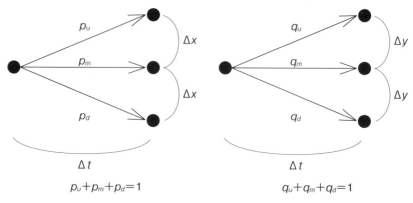

図表8.5 ショートレートとショートスプレッドが独立の場合のツリー上の同時確率

$\rho=0$		OISレートに基づくショートレート		
LIBOR−OIS スプレッド	同時確率	Up	Mid	Down
	Up	$p_{uu}=p_u \cdot q_u$	$p_{mu}=p_m \cdot q_u$	$p_{du}=p_d \cdot q_u$
	Mid	$p_{um}=p_u \cdot q_m$	$p_{mm}=p_m \cdot q_m$	$p_{dm}=p_d \cdot q_m$
	Down	$p_{ud}=p_u \cdot q_d$	$p_{md}=p_m \cdot q_d$	$p_{dd}=p_d \cdot q_d$

じた同時確率を用意する必要があります。

　ショートレートとショートスプレッドが独立の場合（$\rho=0$）は、図表8.5のとおり、単純にそれぞれの推移確率を掛け合わせた値が同時確率になりますので、β_iとアロー・ドブリュー証券の現在価値を求める手順に進めます。

　しかしながら、両者に相関が認められる可能性はもちろん十分ありますので、3次元ツリーが両者の相関を捕捉できるように同時確率を調整します。ジョン・ハル教授とアラン・ホワイト教授はρが正の場合と負の場合に分けて、調整値εを使って図表8.6、8.7のように同時確率を調整する方法を提唱しています。

　この相関係数ρが正の場合の同時確率の行列である図表8.6は、（Up, Up）と（Down, Down）という同じ方向に動く組合せのときに調整幅を大

図表8.6　ρが正の場合のツリー上の同時確率

$\rho \geq 0$		OISレートに基づくショートレート		
LIBOR−OIS スプレッド	同時確率	Up	Mid	Down
	Up	$p_{uu}=p_u \cdot q_u+5\varepsilon$	$p_{mu}=p_m \cdot q_u-4\varepsilon$	$p_{du}=p_d \cdot q_u-\varepsilon$
	Mid	$p_{um}=p_u \cdot q_m-4\varepsilon$	$p_{mm}=p_m \cdot q_m+8\varepsilon$	$p_{dm}=p_d \cdot q_m-4\varepsilon$
	Down	$p_{ud}=p_u \cdot q_d-\varepsilon$	$p_{md}=p_m \cdot q_d-4\varepsilon$	$p_{dd}=p_d \cdot q_d+5\varepsilon$

第8章　モデルの拡張

figure 8.7　ρが負の場合のツリー上の同時確率

$\rho<0$		OISレートに基づくショートレート		
LIBOR−OISスプレッド	同時確率	Up	Mid	Down
	Up	$p_{uu}=p_u \cdot q_u+\varepsilon$	$p_{mu}=p_m \cdot q_u+4\varepsilon$	$p_{du}=p_d \cdot q_u-5\varepsilon$
	Mid	$p_{um}=p_u \cdot q_m+4\varepsilon$	$p_{mm}=p_m \cdot q_m-8\varepsilon$	$p_{dm}=p_d \cdot q_m+4\varepsilon$
	Down	$p_{ud}=p_u \cdot q_d-5\varepsilon$	$p_{md}=p_m \cdot q_d+4\varepsilon$	$p_{dd}=p_d \cdot q_d+\varepsilon$

きく、(Up, Down) と (Down, Up) という逆の方向に動く組合せのときには調整幅を小さくすることで、正の相関の特徴を表現しています。

ρが負の場合には反対に、同じ方向に動く組合せのときに調整幅が小さく、逆の方向に動く組合せのときには調整幅が大きくなっていることが図表8.7からわかります。

ここで、この2つの行列の1行目をそれぞれ足し合わせてみますと、調整項の合計がゼロとなり、$p_u+p_m+p_d=1$なので、どちらも（周辺確率である）ショートスプレッドの上昇確率q_uになります。同様に各行、各列の調整項の合計がゼロになっていることを確認することができます。これは、調整項を加えてもショートレートとショートスプレッドのそれぞれの平均と標準偏差が変わらないようにするためです。

さてこの調整項で使っている調整値εですが、この値は相関係数ρと変化幅を決める係数hから求められます。

$$\varepsilon = \frac{\rho}{12h} \quad \cdots\cdots\cdots(8.15)$$

この式（8.15）は、第4章の推移確率を求めるときと似たような方法で確認することができます。典型的な図表8.3のケースで相関を求めてみましょう。このケースで共分散を計算しますと、$\rho \geq 0$の場合は、式（8.13）に従う値$(x_{i+1}-x_i)$と式（8.14）に従う値$(y_{i+1}-y_i)$の共分散が、

$$Cov[x_{i+1}-x_i, y_{i+1}-y_i]$$
$$= E[(x_{i+1}-x_i)\cdot(y_{i+1}-y_i)] - E[x_{i+1}-x_i]\cdot E[y_{i+1}-y_i]$$
$$= \Delta x \cdot \Delta y \cdot (p_u \cdot q_u + 5\varepsilon) + \Delta x \cdot (-\Delta y) \cdot (p_u \cdot q_d - \varepsilon)$$
$$+ (-\Delta x) \cdot \Delta y \cdot (p_d \cdot q_u - \varepsilon) + (-\Delta x) \cdot (-\Delta y) \cdot (p_d \cdot q_d + 5\varepsilon)$$
$$- \Delta x \cdot (p_u - p_d) \cdot \Delta y \cdot (q_u - q_d)$$
$$= 12\varepsilon \cdot \Delta x \cdot \Delta y$$

$\rho < 0$ の場合は、

$$Cov[x_{i+1}-x_i, y_{i+1}-y_i]$$
$$= E[(x_{i+1}-x_i)\cdot(y_{i+1}-y_i)] - E[x_{i+1}-x_i]\cdot E[y_{i+1}-y_i]$$
$$= \Delta x \cdot \Delta y \cdot (p_u \cdot q_u + \varepsilon) + \Delta x \cdot (-\Delta y) \cdot (p_u \cdot q_d - 5\varepsilon)$$
$$+ (-\Delta x) \cdot \Delta y \cdot (p_d \cdot q_u - 5\varepsilon) + (-\Delta x) \cdot (-\Delta y) \cdot (p_d \cdot q_d + \varepsilon)$$
$$- \Delta x \cdot (p_u - p_d) \cdot \Delta y \cdot (q_u - q_d)$$
$$= 12\varepsilon \cdot \Delta x \cdot \Delta y$$

となり、$\rho \geq 0$ の場合にも $\rho < 0$ の場合も共分散の式が同じになりました。

相関 ρ は、ツリーの変化幅が $\Delta x = \sqrt{(h \cdot V_x)}$ と $\Delta y = \sqrt{(h \cdot V_y)}$ でしたので、

$$\rho = \frac{Cov[x_{i+1}-x_i, y_{i+1}-y_i]}{\sqrt{\mathrm{Var}[x_{i+1}-x_i]} \cdot \sqrt{\mathrm{Var}[y_{i+1}-y_i]}} = \frac{12\varepsilon \cdot \Delta x \cdot \Delta y}{\dfrac{\Delta x}{\sqrt{h}} \cdot \dfrac{\Delta y}{\sqrt{h}}} = 12h\varepsilon$$

となり、式（8.15）が成り立つことを確認できました。その他の推移確率の組合せにおいても必ず共分散が $Cov[x_{i+1}-x_i, y_{i+1}-y_i] = 12\varepsilon \cdot \Delta x \cdot \Delta y$ になっていますので、確かめてみてください。

なお、ここで1点気をつけることがあります。それは、それぞれの推移確率を掛け合わせた値に調整項を加えた同時確率の値が負にならないことが保証されていない点です。典型的な図表8.3のようなケースでは同時確率ができるだけ負にならないように調整項が設定されているものの、相関係数がゼロから離れるに従い、3次元ツリーの端の同時確率が負の値になるケース

が出てきてしまいます。時間間隔Δtを小さくしていくと、ツリーの端の同時確率が負になってしまうようなケースを減らすことができますが、Δtがさほど小さくない場合には相関係数をゼロに近い値に設定するしか同時確率が負の値になるのを避けることができません。

そのため、ここでは、ジョン・ハル教授とアラン・ホワイト教授の提唱している設定方法を少し修正した次の方法を紹介します。この設定ですと、Δtがさほど小さくない場合でも同時確率が負の値になりにくく、それなりの相関係数を設定できます。

図表８.８をみてのとおり、この設定は同じ方向に動く組合せと逆の方向に動く組合せのときのみ調整する仕組みで、相関係数の正、負で対称になっているので、ρの正、負で場合分けする必要もありません。この設定の場合、調整値εは、

$$\varepsilon = \frac{\rho}{4h} \qquad \cdots\cdots\cdots(8.16)$$

とジョン・ハル教授とアラン・ホワイト教授の提唱している設定における調整値εの３倍の値になってしまいますが、それでもMidのところで調整しないことで負の同時確率が起こるケースを減らしています。先ほどと同様に典型的な図表８.３のケースで調整値の式（8.16）を確認するために（$x_{i+1} - x_i$）と（$y_{i+1} - y_i$）の共分散を計算しますと、

$$\begin{aligned}
&Cov[x_{i+1} - x_i, y_{i+1} - y_i] \\
&= E[(x_{i+1} - x_i) \cdot (y_{i+1} - y_i)] - E[x_{i+1} - x_i] \cdot E[y_{i+1} - y_i] \\
&= \Delta x \cdot \Delta y \cdot (p_u \cdot q_u + \varepsilon) + \Delta x \cdot (-\Delta y) \cdot (p_u \cdot q_d - \varepsilon) \\
&\quad + (-\Delta x) \cdot \Delta y \cdot (p_d \cdot q_u - \varepsilon) + (-\Delta x) \cdot (-\Delta y) \cdot (p_d \cdot q_d + \varepsilon) \\
&\quad - \Delta x \cdot (p_u - p_d) \cdot \Delta y \cdot (q_u - q_d) \\
&= 4\varepsilon \cdot \Delta x \cdot \Delta y
\end{aligned}$$

となるので、次の相関ρの計算から式（8.16）を確認することができました。

図表8.8　ショートレートとショートスプレッドに相関がある場合のコーナー調整によるツリー上の同時確率

相関あり		OISレートに基づくショートレート		
LIBOR−OISスプレッド	同時確率	Up	Mid	Down
	Up	$p_{uu}=p_u \cdot q_u + \varepsilon$	$p_{mu}=p_m \cdot q_u$	$p_{du}=p_d \cdot q_u - \varepsilon$
	Mid	$p_{um}=p_u \cdot q_m$	$p_{mm}=p_m \cdot q_m$	$p_{dm}=p_d \cdot q_m$
	Down	$p_{ud}=p_u \cdot q_d - \varepsilon$	$p_{md}=p_m \cdot q_d$	$p_{dd}=p_d \cdot q_d + \varepsilon$

$$\rho = \frac{Cov[x_{i+1}-x_i, y_{i+1}-y_i]}{\sqrt{Var[x_{i+1}-x_i]} \cdot \sqrt{Var[y_{i+1}-y_i]}} = \frac{4\varepsilon \cdot \Delta x \cdot \Delta y}{\frac{\Delta x}{\sqrt{h}} \cdot \frac{\Delta y}{\sqrt{h}}} = 4h\varepsilon$$

　相関を加味した同時確率ができましたので、β_iとアロー・ドブリュー証券の現在価値の計算に進みましょう。いま、$i \leq m$に対してOISレートに基づくショートレートの状態jとLIBOR−OISスプレッドに基づくショートスプレッドの状態kにおけるアロー・ドブリュー証券の現在価値$Q_{i,j,k}$が3次元ツリー上で決定していると仮定します。OISレートに基づく割引債価格はαを使って3次元ツリーの中のOISレートに基づくショートレートの2次元ツリーですでに正しく評価できるようになっていますので、ここでは、$(m+1)\Delta t$に償還を迎えるLIBORに基づく割引債価格が正しく評価されるようにβ_mを求めます。関数$g_r(x_t)$を式（8.13）に従う$x_t = f_r(r_t^O)$の逆関数、関数$g_b(y_t)$を式（8.14）に従う$y_t = f_b(b_t)$の逆関数とすると、時点mにおけるノード(m, j, k)上のOISレートに基づくショートレートは$r_{m,j,k}^O = g_r(\alpha_m + j\Delta x)$、LIBOR−OISスプレッドに基づくショートスプレッドは$b_{m,j,k} = g_b(\beta_m + k\Delta y)$と表せるので、LIBORに基づくショートレートは、

$$r_{m,j,k}^L = g_r(\alpha_m + j\Delta x) + g_b(\beta_m + k\Delta y)$$

となります。したがって、時点$(m+1)$に償還するLIBORに基づく割引債

の現在価格 $P_{0,(m+1)\Delta t}^{L}$ は次式によって与えられます。

$$\begin{aligned}
P_{0,(m+1)\Delta t}^{L} &= \sum_{j}\sum_{k} Q_{m,j,k} \cdot \exp(-r_{m,j,k}^{L} \cdot \Delta t) \\
&= \sum_{j}\sum_{k} Q_{m,j,k} \cdot \exp(-(r_{m,j,k}^{O} + b_{m,j,k}) \cdot \Delta t) \\
&= \sum_{j}\sum_{k} Q_{m,j,k} \cdot e^{-(g_r(\alpha_m + j\Delta x) + g_b(\beta_m + k\Delta y)) \cdot \Delta t}
\end{aligned}$$

$$\cdots\cdots(8.17)$$

α_mは3次元ツリーの1面を構成するOISレートに基づくショートレートの2次元ツリー上で事前に求められていることから、β_mは探索機能を用いて反復計算により求めることができます。一度β_mが決まれば、これまでと同様に時点$(m+1)$における$Q_{m+1,j,k}$の計算を行います。

$$\begin{aligned}
Q_{m+1,j,k} &= \sum_{j^*}\sum_{k^*} Q_{m,j^*,k^*} \cdot q(j^*,k^*,j,k) \cdot \exp(-r_{m,j^*,k^*}^{L} \cdot \Delta t) \\
&= \sum_{j^*}\sum_{k^*} Q_{m,j^*,k^*} \cdot q(j^*,k^*,j,k) \cdot \exp(-(r_{m,j^*,k^*}^{O} + b_{m,j^*,k^*}) \cdot \Delta t) \\
&= \sum_{j^*}\sum_{k^*} Q_{m,j^*,k^*} \cdot q(j^*,k^*,j,k) \cdot e^{-(g_r(\alpha_m + j^*\Delta x) + g_b(\beta_m + k^*\Delta y)) \cdot \Delta t}
\end{aligned}$$

$$\cdots\cdots(8.18)$$

ここで$q(j^*,k^*,j,k)$はノード(m,j^*,k^*)から$(m+1,j,k)$への推移確率を表します。後は、この式（8.17）を使ったβ_mの数値探索と式（8.18）を繰り返し行うことで、確率LIBOR－OISスプレッドモデルの3次元ツリーを完成させることができます。

以上で、マルチカーブのもとでの確率LIBOR－OISスプレッドモデルの説明は終わりですが、本章の拡張方法からも想像できるとおり、本書で取り扱った手法や考え方は簡単に応用することができます。また、数学的表現が異なるモデルや、他のエキゾチック・オプションのプライシング等において

も、元となる理屈や考え方は基本的にはさほど変わりません。ですので、本書と学習用EXCELシートの内容を理解することによって、金利デリバティブの世界をより楽しむことができるようになるでしょう。

3次元ツリーの同時確率

　確率LIBOR－OISスプレッドモデルの3次元ツリーは学習用EXCELシートには組み込んでいませんが、本文のなかで触れました同時確率が負になってしまう状況を確認できるように、第4章の図表4.1、4.4、4.5の推移確率同士を掛け合わせたうえで調整する同時確率の計算式をワークシートのセルに組み込んであります。ワークシート［JointPnorm］はワークシート［Pnorm］の推移確率、ワークシート［JointPjmax］はワークシート［Pjmax］の推移確率、ワークシート［JointPjmin］はワークシート［Pjmin］の推移確率を用いています。3次元ツリーの同時確率にはこのパターン以外の組合せもありますが、ワークシート［JointPnorm］は中心的な部分、ワークシート［JointPjmax］とワークシート［JointPjmin］は端の部分を表しています。

　それでは、3次元ツリーの同時確率を確認するためにワークシート［Def］でいつもどおり、次のように設定します。

[Def]

入力項目	入力値
a	0.1
σ	0.01
Δt	0.25
h	3
MとVの選択	0

そのうえで、ワークシート［JointPnorm］で同時確率の右側にある入力欄で次のように設定します。

［JointPnorm］

入力項目	入力値
相関係数	0.02
相関設定	1

この相関係数は本文中の相関ρの値、「相関設定」欄に1を設定するとジョン・ハル教授とアラン・ホワイト教授の提唱している設定、2を設定すると同時確率の行列のコーナーだけ調整するもう1つの方法が選ばれます。

ワークシート［JointPnorm］、［JointPjmax］、［JointPjmin］をみてみますと、相関係数が0.02とゼロに近い値なので、どの同時確率も正の値になっているのを確認できます。

ここで、ワークシート［JointPnorm］で相関係数を10倍の20％にしてみましょう。

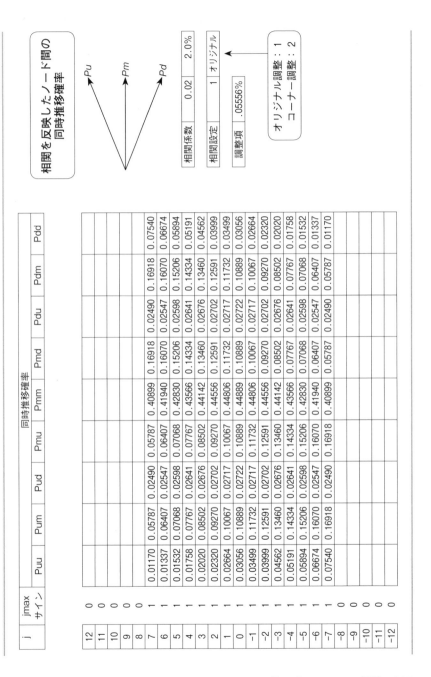

第8章 モデルの拡張

入力項目	入力値
相関係数	0.2
相関設定	1

　ワークシート［JointPnorm］では各同時確率が正の値になっていますが、ワークシート［JointPjmax］、［JointPjmin］では数字が表示されていないセルが出てきました。これはゼロ以下の数字であるために、表示されていないのです。このように端の同時確率に負の値が出てきました。ここで、ワークシート［JointPnorm］内の「相関設定」欄を2のコーナー調整にしてみます。

入力項目	入力値
相関係数	0.2
相関設定	2

　ワークシート［JointPnorm］［JointPjmax］［JointPjmin］をみますと、今度はどの同時確率も正の値が表示されています。そこで、ワークシート［JointPnorm］で相関係数をさらに2倍の40%にしますと、今度はワークシート［JointPnorm］のp_{ud}とp_{du}が負の値になってしまいました。

入力項目	入力値
相関係数	0.4
相関設定	2

　実は、このような場合の奥の手として、ツリー上のノードの変化幅を決める係数hを用意していました。ここで、推移確率の値を大きくするために、この係数hを小さくします。これは式（8.16）で調整値εの値を大きくすることになり、逆効果のようにもみえますが、相関係数がこのような水準ですと、推移確率の効果のほうが大きいため、結果

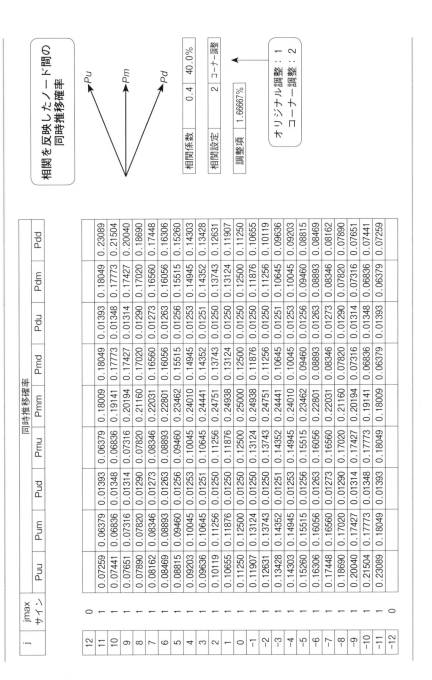

第 8 章 モデルの拡張

的に正の値になります。それでは、ワークシート［Def］で係数hを2に変更したうえでワークシート［JointPnorm］［JointPjmax］［JointPjmin］を確認してみましょう。

［Def］

入力項目	入力値
h	2

　ご覧のとおり、どの同時確率も正の値に戻っていることを確認することができました。なお、この相関係数は、OISレートに基づくショートレートの変化とLIBOR−OISスプレッドに基づくショートスプレッドの変化との間の相関係数でした。そのため、あまり強い相関は想定されないことから、マルチカーブのもとでのこの確率LIBOR−OISスプレッドモデルは、3次元ツリーでのこのような工夫によって、十分に対応できるということがわかります。

　EXCELコーナーでの学習用EXCELシートによる解説は、以上ですべて終了になります。お疲れさまでした。

●付録A 【$\theta(t)$ と割引債価格の導出】●

まず、1ファクターのハル・ホワイト・モデルでは割引債の価格過程が次のようになっていました。

$$\frac{dP_{t,T}}{P_{t,T}} = r_t dt + v(t,T) dW_t$$

$$v(t,T) = \frac{\sigma}{a}(1 - e^{-a(T-t)})$$

$F_{t,T,T+\Delta T}$ を時点 t における時刻 T と $(T+\Delta T)$ の間の（シングルカーブにおける、またはOISレートに基づく）連続複利フォワードレートとすると（$t<T<T+\Delta T$）、先渡しレートであるので、次のように割引債の価格に関係づけることができます（図表A.1参照）。

図表A.1　割引債価格と連続複利フォワードレートの関係

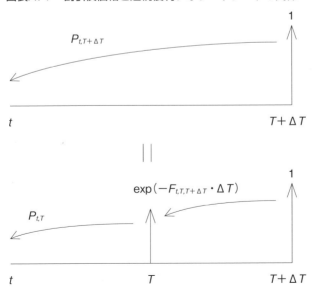

$$P_{t,T+\Delta T} = e^{-F_{t,T,T+\Delta T} \cdot \Delta T} \cdot P_{t,T}$$

フォワードレートについて解くと、

$$F_{t,T,T+\Delta T} = \frac{\ln P_{t,T} - \ln P_{t,T+\Delta T}}{\Delta T}$$

となります。次に $Y_t = \ln P_{t,T}$ として伊藤の公式を用いると、

$$d\ln P_{t,T} = \left(r_t - \frac{v(t,T)^2}{2}\right)dt + v(t,T)dW_t$$

同様に、

$$d\ln P_{t,T+\Delta T} = \left(r_t - \frac{v(t,T+\Delta T)^2}{2}\right)dt + v(t,T+\Delta T)dW_t$$

これにより、連続複利フォワードレートの確率過程は、

$$\begin{aligned}dF_{t,T,T+\Delta T} &= \frac{d\ln P_{t,T} - d\ln P_{t,T+\Delta T}}{\Delta T} \\ &= \frac{v(t,T+\Delta T)^2 - v(t,T)^2}{2\Delta T}dt + \frac{v(t,T) - v(t,T+\Delta T)}{\Delta T}dW_t\end{aligned}$$
　　　　　　　　　　　　　　　　　　　　　………(A.1)

となることがわかります。

また、フォワード・ショートレートは微小期間のフォワードレートですので、

$$f_{t,T} = \lim_{\Delta T \to 0} F_{t,T,T+\Delta T} = \lim_{\Delta T \to 0} \frac{\ln P_{t,T} - \ln P_{t,T+\Delta T}}{\Delta T} = -\frac{\partial \ln P_{t,T}}{\partial T}$$
　　　　　　　　　　　　　　　　　　　………(A.2)

と表せます。したがって、フォワード・ショートレートの確率過程は、

$$df_{t,T} = v(t,T)\frac{\partial v(t,T)}{\partial T}dt - \frac{\partial v(t,T)}{\partial T}dW_t \qquad ………(A.3)$$

となります。ここで、フォワード・ショートレートはショートレートの

フォワード（$f_{t,t}=r_t$）であることから、次のような積分表現をすることができます。

$$r_t = f_{t,t} = f_{0,t} + \int_0^t df_{u,t}$$

上式に式（A.3）を代入すると、

$$r_t = f_{0,t} + \int_0^t v(u,t)\frac{\partial v(u,t)}{\partial t}du - \int_0^t \frac{\partial v(u,t)}{\partial t}dW_u \quad \cdots\cdots\cdots(A.4)$$

となり、これをtについて微分すると、$v(t,T)$は割引債価格$P_{t,T}$のボラティリティであるため、$v(t,t)=0$ですので、

$$dr_t = \frac{\partial f_{0,t}}{\partial t}dt + \int_0^t \left(v(u,t)\frac{\partial^2 v(u,t)}{\partial t^2} + \left(\frac{\partial v(u,t)}{\partial t}\right)^2\right)du\,dt$$
$$- \int_0^t \frac{\partial^2 v(u,t)}{\partial t^2}dW_u\,dt - \left(\frac{\partial v(u,t)}{\partial t}\bigg|_{u=t}\right)dW_t$$

と表せます。ここで、ハル・ホワイト・モデルでは、

$$\frac{\partial v(u,t)}{\partial t} = \sigma e^{-a(t-u)}$$
$$\frac{\partial^2 v(u,t)}{\partial t^2} = -a\sigma e^{-a(t-u)}$$

と計算できるので、

$$\frac{\partial^2 v(u,t)}{\partial t^2} = -a\cdot\frac{\partial v(u,t)}{\partial t}$$

となることから、これを代入すると（A.4）より、

$$dr_t = \frac{\partial f_{0,t}}{\partial t}dt - a\int_0^t v(u,t)\frac{\partial v(u,t)}{\partial t}du\,dt + \int_0^t \left(\frac{\partial v(u,t)}{\partial t}\right)^2 du\,dt$$
$$+ a\int_0^t \frac{\partial v(u,t)}{\partial t}dW_u\,dt - \left(\frac{\partial v(u,t)}{\partial t}\bigg|_{u=t}\right)dW_t$$
$$= \frac{\partial f_{0,t}}{\partial t}dt - a\cdot(r_t - f_{0,t})dt + \int_0^t \left(\frac{\partial v(u,t)}{\partial t}\right)^2 du\,dt$$
$$- \left(\frac{\partial v(u,t)}{\partial t}\bigg|_{u=t}\right)dW_t$$
$$= \frac{\partial f_{0,t}}{\partial t}dt - a\cdot(r_t - f_{0,t})dt + \int_0^t (\sigma e^{-a(t-u)})^2 du\,dt$$
$$- (\sigma e^{-a(t-u)}|_{u=t})dW_t$$

となります。そして、標準ブラウン運動は上下対称なので、確率項の符号を負から正に変えると、$\theta(t)$を含むハル・ホワイト・モデルの確率微分方程式が得られます。

$$dr_t = (\theta(t) - ar_t)dt + \sigma dW_t$$
$$\theta(t) = a\cdot f_{0,t} + \frac{\partial f_{0,t}}{\partial t} + \frac{\sigma^2}{2a}(1 - e^{-2at}) = a\cdot f_{0,t} + \frac{\partial f_{0,t}}{\partial t} + V(t)$$

なお、先ほどの式(A.2)から、割引債とフォワード・ショートレートには次のような関係があることがわかりました。

$$f_{t,T} = -\frac{\partial \ln P_{t,T}}{\partial T} \quad \Rightarrow \quad P_{t,T} = e^{-\int_t^T f_{t,u}du} \qquad \cdots\cdots\cdots (A.5)$$

次に、割引債価格とショートレートの関係式を導くために、式(A.3)のフォワード・ショートレートに対して、満期までの積分計算を行います。

$$\int_t^T f_{t,s}ds = \int_t^T f_{0,s}ds + \int_t^T \int_0^t v(u,s)\frac{\partial v(u,s)}{\partial s}du\,ds - \int_t^T \int_0^t \frac{\partial v(u,s)}{\partial s}dW_u\,ds$$

ここで、

$$\frac{\partial v(u,t)}{\partial s} = \sigma e^{-a(t-u)}$$

でしたので、

$$e^{-a(s-t)} \cdot \frac{\partial v(u,t)}{\partial t} = \frac{\partial v(u,s)}{\partial s}$$

となることから，式（A.4）を使って積分計算は、

$$\begin{aligned}
\int_t^T f_{t,s} ds &= \int_t^T f_{0,s} ds + \int_t^T \int_0^t v(u,s) \frac{\partial v(u,s)}{\partial s} du\, ds \\
&\quad + \int_t^T e^{-a(s-t)} \cdot \left(r_t - f_{0,t} - \int_0^t v(u,t) \frac{\partial v(u,t)}{\partial t} du \right) ds \\
&= \int_0^T f_{0,s} ds - \int_0^t f_{0,s} ds + (r_t - f_{0,t}) \int_t^T e^{-a(s-t)} ds \\
&\quad + \int_t^T \int_0^t \frac{\partial v(u,s)}{\partial s} (v(u,s) - v(u,t)) du\, ds \\
&= -\ln P_{0,T} + \ln P_{0,t} + (r_t - f_{0,t}) \frac{1 - e^{-a(T-t)}}{a} \\
&\quad + \frac{\sigma^2}{4a^3} (1 - e^{-2at})(1 - e^{-a(T-t)})^2
\end{aligned}$$

と展開できます。後は、割引債とフォワード・ショートレートとの関係式（A.5）に代入すれば、割引債価格とショートレートの関係式が求められます。

$$P_{t,T} = \frac{P_{0,T}}{P_{0,t}} \exp(A(t,T) - (r_t - f_{0,t}) \cdot B(t,T))$$
$$A(t,T) = -\frac{1}{2} B(t,T)^2 \cdot \frac{\sigma^2}{2a} (1 - e^{-2at})$$

付録 A

$$B(t,T) = \frac{1}{a}(1 - e^{-a(T-t)})$$

●付録B 【r_tの変化の期待値と分散の算出】●

ツリー構築の最初の段階で$\theta(t)=0$にします。この段階でのr_tの過程は、

$$dr_t = -ar_t dt + \sigma dW_t \qquad \cdots\cdots\cdots(\text{B.1})$$

となります。上式と標準ブラウン運動の性質（dW_tの平均は0、分散はdt）から、

$$E[dr_t] = E[-ar_t dt + \sigma dW_t] = -ar_t dt$$
$$Var[dr_t] = Var[-ar_t dt + \sigma dW_t] = E[(\sigma dW_t)^2] = \sigma^2 dt$$

となることがわかります。よって、十分小さいΔtに対して、

$$E[r_{\Delta t} - r_0] = Mr_0 = -ar_0 \Delta t$$
$$Var[r_{\Delta t} - r_0] = V = \sigma^2 \Delta t$$

が成り立ちます。したがって、

$$M = -a\Delta t$$
$$V = \sigma^2 \Delta t$$

となるのです。しかし、Δtを小さく設定できない場合は、Δtの大きさを考慮したMおよびVを定める必要があります。これは、以下のように導きます。

確率微分方程式（B.1）に対して、$Y_t = e^{at} \cdot r_t$とおいて伊藤の公式を使うと、

$$dY_t = d(e^{at} \cdot r_t) = e^{at} \cdot \sigma dW_t$$

となります。これを積分表現にすることで、時間の幅をもたせます。すると、次のように表現することができます。

$$e^{at} \cdot r_t = r_0 + \sigma \int_0^t e^{au} dW_u \quad \Rightarrow \quad r_t = r_0 \cdot e^{-at} + \sigma \int_0^t e^{-a(t-u)} dW_u$$

$$\cdots\cdots\cdots (\text{B.2})$$

ここで、式（B.2）の右辺の第2項は確率積分であり、標準ブラウン運動の性質から期待値はゼロになるので、

$$E[r_{\Delta t} - r_0] = E\left[r_0 \cdot (e^{-a\Delta t} - 1) + \sigma \int_0^{\Delta t} e^{-a(\Delta t - u)} dW_u\right] = r_0 \cdot (e^{-a\Delta t} - 1)$$

また、分散については、dW_tの分散がdtなので、

$$Var[r_{\Delta t} - r_0] = E\left[\left(\sigma \int_0^{\Delta t} e^{-a(\Delta t - u)} dW_u\right)^2\right] = \sigma^2 \int_0^{\Delta t} e^{-2a(\Delta t - u)} du$$

$$= \frac{\sigma^2}{2a}(1 - e^{-2a\Delta t})$$

となります。

したがって、$E[r_{\Delta t} - r_0] = Mr_0$、$Var[r_{\Delta t} - r_0] = V$でしたので、より正確な$M$と$V$は、

$$\left. \begin{array}{l} M = e^{-a\Delta t} - 1 \\ V = \dfrac{\sigma^2}{2a}(1 - e^{-2a\Delta t}) \end{array} \right\} \quad \cdots\cdots\cdots (\text{B.3})$$

となることがわかります。

次に、$\theta(t) = 0$の仮定を外して、ハル・ホワイト・モデルにおけるr_tの過程に対する条件付期待値と条件付分散を求めてみましょう。先ほどと同様に$Y_t = e^{at} \cdot r_t$とおいて伊藤の公式を使用すると、

$$dY_t = d(e^{at} \cdot r_t) = e^{at} \cdot \theta(t) dt + e^{at} \cdot \sigma dW_t$$

となりますので、時点 s ($s \leq t$) における条件付期待値は、$\theta(t)$ の式を使って、

$$E[Y_t | \varphi_s] = Y_s + \int_s^t e^{au} \cdot \left(a \cdot f_{0,u} + \frac{\partial f_{0,u}}{\partial u} + \frac{\sigma^2}{2a}(1 - e^{-2au}) \right) du$$

$$= e^{as} \cdot r_s + e^{at} \cdot f_{0,t} - e^{as} \cdot f_{0,s} + \frac{\sigma^2}{2a^2}(e^{at} - e^{as} + e^{-at} - e^{-as})$$

と計算できることから、結果的にハル・ホワイト・モデルのショートレート r_t に対する条件付期待値は、

$$E[r_t | \varphi_s] = f_{0,t} + e^{-a(t-s)} \cdot (r_s - f_{0,s}) + \frac{\sigma^2}{2a^2}(1 - e^{-a(t-s)} + e^{-2at} - e^{-a(t+s)})$$

$$\cdots\cdots (B.4)$$

と表せます。時点 s における条件付分散は、$\theta(t)$ の仮定に関係することなく、

$$Var[r_t | \varphi_s] = E\left[\left(\sigma \int_s^t e^{-a(t-u)} dW_u \right)^2 \Big| \varphi_s \right] = \sigma^2 \int_s^t e^{-2a(t-u)} du$$

$$= \frac{\sigma^2}{2a^2}(1 - e^{-2a(t-s)}) \qquad \cdots\cdots (B.5)$$

と求められます。

参考文献

Andersen, L., D. Duffie and Y. Song (2018), "Funding Value Adjustments," forthcoming in *Journal of Finance*.

Brigo, D. and F. Mercurio (2006), *Interest Rate Models-Theory and Practice: With Smile, Inflation and Credit*, 2nd edition, Springer Verlag.

Coulon, M. (2009), "Modelling Price Dynamics Through Fundamental Relationships in Electricity and Other Energy Markets," Ph.D. thesis, Mansfield College, University of Oxford.

Dimitroff, G., C. Fries, M. Lichtner and N. Rodi (2016), "Lognormal vs Normal Volatilities and Sensitivities in Practice," available at SSRN.

Filipović, D. and A. B. Trolle (2012), "The Term Structure of Interbank Risk," *Journal of Financial Economics*, Vol. 109, No. 4, pp. 707-733.

Henrard, M. (2010), "Cash-Settled Swaptions: How Wrong are We?," available at SSRN.

Henrard, M. (2014), *Interest Rate Modelling in the Multi-curve Framework*, Palgrave Macmillan.

Hull, J., "Convexity Adjustments to Eurodollar Futures," *Options, Futures, and Other Derivatives*, Technical Note No. 1.

Hull, J., and A. White (2016), "Multi-Curve Modeling Using Trees," *Innovations in Derivatives Markets*, edited by K. Glau, Z. Grbac, M. Scherer and R. Zagst, Springer Proceedings in Mathematics & Statistics, pp. 171-189.

Hull, J., and A. White (1994), "Numerical Procedures for Implementing Term Structure Models Ⅰ: Single-Factor Models," *Journal of Derivatives*, Vol. 2, No. 1, pp. 7-16.

Hull, J., and A. White (1994), "Numerical Procedures for Implementing Term Structure Models Ⅱ: Two-Factor Models," *Journal of Derivatives*, Vol. 2, No. 2, pp. 37-48.

Hull, J., and A. White (1993), "One-Factor Interest-Rate Models and the Valuation of Interest-Rate Derivative Securities," *Journal of Financial and Quantitative Analysis*, Vol. 28, No. 2, pp. 235-254.

Hull, J., and A. White (1990), "Pricing Interest-Rate Derivative Securities," *The Review of Financial Studies*, Vol. 3, No. 4, pp. 573-592.

Jabłecki, J. (2018), "Bermudan swaption model risk analysis: a local volatility approach," *Journal of Computational Finance*, Vol. 22, No. 2, pp. 1-31.

Longstaff, F. (1989), "A Nonlinear General Equilibrium Model of the Term

Structure of Interest Rates," *Journal of Financial Economics*, Vol. 23, No. 2, pp. 195-224.
Mercurio, F.(2008), "Cash-settled swaptions and no-arbitrage," *Risk*, Vol. 21, No. 2, pp. 96-98.
Mercurio, F.(2009), "Interest Rates and The Credit Crunch: New Formulas and Market Models," *Bloomberg Portfolio Research Paper*, No. 2010-01-FRONTIERS.
Munk, C.(1999), "Stochastic Duration and Fast Coupon Bond Option Pricing in Multi-Factor Models," *Review of Derivatives Research*, pp. 157-181.
Overhaus, M., A. Bermúdez, H. Buehler, A. Ferraris, C. Jordinson and A. Lamnouar(2007), *Equity Hybrid Derivatives*, John Wiley & Sons.
Pelsser, A.(2000), *Efficient Methods for Valuing Interest Rate Derivatives*, Springer Verlag.
Zhu, J.(2012), "Multiple-Curve Valuation with One-Factor Hull-White Model," available at SSRN.

あおぞら銀行リスク統括部(2004)、『EXCELでわかるハル・ホワイト・モデル』、第2版、金融財政事情研究会。
木島正明(1994)、『ファイナンス工学入門 第Ⅱ部』、日科技連。
金利デリバティブ研究会(2014)、『基礎からわかるLIBORマーケット・モデルの実務』、金融財政事情研究会。
興銀第一フィナンシャルテクノロジー(株)(2001)、『金融工学・数理キーワード60』、金融財政事情研究会。
国際スワップデリバティブ協会(2009)、『ISDA®Credit Support Annexes概説書』、ISDA。
ジョン・ハル、東京三菱銀行金融商品開発部訳(2001)、『フィナンシャルエンジニアリング』、第4版、金融財政事情研究会。
伏見正則(1994)、『確率的方法とシミュレーション』、岩波講座、応用数学、岩波書店。
三浦良造(1989)、『モダンポートフォリオの基礎』、同文舘。
森田智子(2010)、「ISDA®契約書に基づくデリバティブ取引の信用リスク管理」、国際ワークショップ「カウンターパーティ・リスクの管理とCVAの活用」、ISDA東京事務所。
森村英典、木島正明(1991)、『ファイナンスのための確率過程』、日科技連。
リチャード・エルウィス、宮本寿代訳(2016)、『マスペディア1000』、ディスカバー・トゥエンティワン。

事項索引

【英文字】

American ··················· 32
Antithetic variate method ········ 158
Arrow-Debreu security ············ 89
ATM ···················· 34
Bachelier model ················ 30
Backward induction ············· 106
Bermudan ···················· 32
Binomial Tree ················· 76
Blach Karasinski model··········· 188
Black Soholes model ·············· 12
Call option ···················· 6
Canary························ 32
Cap ·························· 6
Caplet ······················· 27
CCP ························ 44
CIRモデル ···················· 40
Control variate method ·········· 160
Cox Ingersoll Ross model ········· 40
Credit Support Annex ············ 43
CSA ························ 43
DSRモデル ··················· 42
Early exercise boundary ········· 172
Equilibrium ··················· 40
Error function ················· 37
European ····················· 32
Fixed Maturity ················ 166
Fixed Tenor ·················· 166
Floor ························· 7
Floorlet ······················ 31
Forward induction ··············· 95
Forward rate agreement ··········· 4
FRA ················ 4, 24, 28, 48
Heston model ················· 42

Hull White model ··············· 40
Independent Amount ············· 43
Interest rate derivative ··········· 2
Interest rate futures ············· 5
Interest rate swap ··············· 5
Interest rate swaption ············ 9
Intrinsic value ················· 17
ISDA ························ 43
ITM ························ 35
Ito's formula ·················· 17
Ito's lemma ··················· 18
Jensen's inequality ·············· 92
LIBOR ················ 4, 5, 24
LIBOR in arrears swap ··········· 56
LIBOR-OISスプレッド
················· 59, 110, 204
LIBOR-OISベーシススワップ ······ 45
Mark to Market ················· 5
Martingale ···················· 25
Mean reversion rate ············· 53
Minimum Transfer Amount ········ 43
Money Market Account ············ 3
Monte Carlo simulation ········· 106
No arbitrage ·················· 40
NPV ························· 6
OIS ···················· 44, 46, 95
OTM ······················· 35
OU過程 ······················ 53
Overnight Index Swap ············ 44
Payer swaption ················· 10
Plain vanilla swap ··············· 6
Pseudo random sequence ········· 145
Put option ···················· 7
Put-Call parity ················· 64
Random number ··············· 144

Ratchet cap ················178
Receiver swaption ·············10
Representative agent ···········41
SDE ·······················11
Self-financing portfolio ··········40
Shifted Black Scholes model ······30
Shifted lognormal distribution ····31
Shifted lognormal model ········188
Short rate ··················52
Skew parameter ··············199
Skewness ··················199
SOFR ······················5
Spot skew model ·············199
Squared Gaussian model ········197
Standard Brownian motion ·······12
Sticky ratchet cap ············179
Tenor basis swap ·············45
Term structure model ··········40
Threshold ··················43
Time Decay ················122
Trinomial Tree ···············76
Uniform random number ········146
Utility function ··············41
Variance reduction method ······160
Yield curve ·················39

【ア行】

アウト・オブ・ザ・マネー ·······35
アット・ザ・マネー ············34
後決めLIBORスワップ ··········56
アメリカン ··················32
アロー・ドブリュー証券 ··89, 189, 211
イールドカーブ ···············39
イールドセトル ···············38
イェンセンの不等式 ············92
一様乱数 ···············146, 148
移動対数正規分布 ·············31
移動対数正規モデル ···········188

伊藤の公式 ················17, 55
イン・ザ・マネー ··············35
オーバーナイト金利 ·········44, 46

【カ行】

価格過程 ···················11
確率積分 ··············12, 13, 58
確率微分方程式 ···············11
カナリー ···················32
擬似乱数列 ·················145
キャップ ·················6, 124
キャップレート ··············6, 27
キャップレット ··············27, 61
キャンセラブル ···········10, 166
均衡 ·······················40
金融派生商品 ·················2
金利期間構造モデル ········40, 188
金利先物契約 ·················5
金利先渡契約 ·················4
金利スワップ ·················5
金利スワップション ·············9
金利デリバティブ ··············2
経路依存型 ·················180
原資産 ·····················2
行使価格 ····················7
効用関数 ···················41
コールオプション ············6, 19
ゴールシーク ········67, 139, 195
国際スワップデリバティブ協会 ···43
誤差関数 ···················37
コックス・インガソル・ロス・
　モデル ············40, 42, 198
コンベキシティ調整 ·········57, 58

【サ行】

債券オプション ···············10
裁定機会 ·············15, 41, 63
最低引渡担保額 ···············43

事項索引　231

先渡契約……………………………16
資金自己調達的ポートフォリオ……40
シフテッド・ブラック・ショール
　ズ・モデル……………30, 31, 36, 39
ショートレート……………52, 65, 191
シングルカーブ……………45, 54, 219
信用極度額……………………………43
信用リスク………………45, 97, 204
スキューパラメータ………………199
スティッキー・ラチェット・
　キャップ…………………………179
スポット・スキュー・モデル……199
スワップレート…………………6, 27
制御変量法………………160, 176, 186
ゼロクーポン・キャッシュセトル…37
早期行使境界………………………172
想定元本………………………………5
ソルバー……………………67, 139

【タ行】

対照変量法…………………………158
代表的な投資家………………………41
タイム・ディケイ…………………122
短期金利先物………………26, 49, 58
中央清算機関…………………………44
ディスカウント・ファクター……15
テナーベーシススワップ………45, 48
デリバティブ…………………………2
独立担保額……………………………43

【ナ行】

二乗正規モデル……………………197
値洗い…………………………5, 25
ノーコール期間……………………169

【ハ行】

バシュリエ・モデル……30, 32, 35, 38
バックワード・インダクション…106

バミューダン…………………32, 166
ハル・ホワイト・モデル
　………………………40, 52, 62, 76
標準正規分布…………………20, 30
標準正規乱数………………………146
標準ブラウン運動……12, 19, 222, 225
フォワード・インダクション………95
フォワード価格………………16, 27
フォワードレート………………4, 220
負相関変量法………………158, 182
プット・コール・パリティ……64, 68
プットオプション………………7, 20
部分木…………………………116, 149
ブラック・カラシンスキー・モデル
　……………………………………188
ブラック・ショールズ・モデル
　……………………12, 19, 27, 32
プレーン・バニラ・スワップ
　…………………………6, 63, 116
フロアー………………………7, 126
フロアーレート………………7, 31
フロアーレット………………31, 64
分散減少法…………………………160
平均回帰性……………………………40
平均回帰的平方根過程………42, 198
平均回帰レート………………………53
ペイヤースワップション……10, 33
ヘストン・モデル……………………42
ベルヌーイの大数の法則…………144
本源的価値……………………………17

【マ行】

マネー・マーケット・アカウント
　……………………………………3, 15
マルチカーブ………………45, 59, 110
マルチンゲール………………25, 28
無裁定…………………………………40
無リスク金利…………………………3

モンテカルロ・シミュレーション
　………………………… 106, 144

【ヤ行】

ヨーロピアン………………… 32, 133
翌日物金利……………………………44

【ラ行】

ラチェット・キャップ…………… 178
乱数…………………………………144

リウヴィルの非初等積分……………21
リスク・ニュートラルな世界…15, 56
リスクフリーレート……………3, 15
レシーバースワップション…10, 33
ロックアウト期間………………… 168

【ワ行】

歪度………………………………… 199
割引債……………………… 14, 219

事項索引　233

【著者略歴】

中村　尚介（なかむら　なおすけ）

　みずほ証券　リスク統括部
　1966年　静岡県生まれ
　1989年　日本債券信用銀行入行
　1999年　興銀第一フィナンシャルテクノロジー（株）入社
　2002年　あおぞら銀行入行
　2012年　みずほ証券入社、現在に至る

体験デリバティブ
マルチカーブのもとでわかるハル・ホワイト・モデル

2019年2月27日　第1刷発行

　　　　　　　　　　　著　者　中　村　尚　介
　　　　　　　　　　　発行者　倉　田　　勲

〒160-8520　東京都新宿区南元町19
発　行　所　一般社団法人 金融財政事情研究会
企画・制作・販売　株式会社きんざい
　　出 版 部　TEL 03(3355)2251　FAX 03(3357)7416
　　販売受付　TEL 03(3358)2891　FAX 03(3358)0037
　　　　　　　URL https://www.kinzai.jp/

校正：株式会社友人社／印刷：株式会社太平印刷社

・本書の内容の一部あるいは全部を無断で複写・複製・転訳載すること、および磁気または光記録媒体、コンピュータネットワーク上等へ入力することは、法律で認められた場合を除き、著作者および出版社の権利の侵害となります。
・落丁・乱丁本はお取替えいたします。定価はカバーに表示してあります。

ISBN978-4-322-13428-5